ANJA TANAS

HEIMAT HÄPPCHEN

SO BACKT NRW

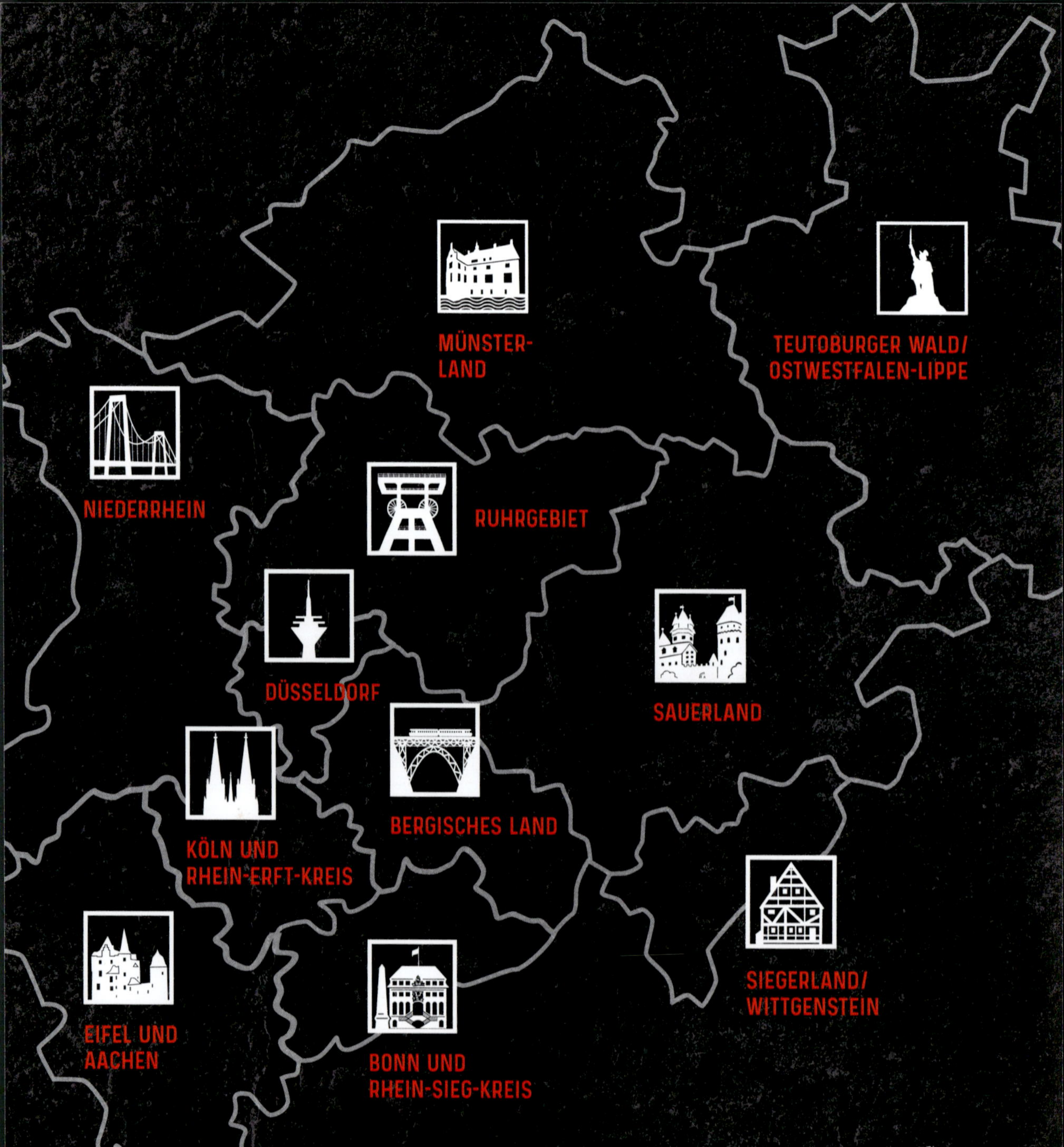

UNSERE REGIONEN

So vielseitig NRW aus geografischer Sicht ist, so abwechslungsreich ist auch das Backwerk aus seinen einzelnen kulinarischen Regionen.

INHALT

NU MEN LOSS

PURES BACKVERGNÜGEN

Sie haben eine Schwäche für raffinierte, aber bodenständige Torten? In frittierte Leckereien können Sie sich reinsetzen? Und für den Genuss von selbst gemachtem, unfassbar knusprigem Brot nehmen Sie auch mal etwas Arbeit auf sich? Dann freuen Sie sich auf die Heimathäppchen-Backrezepte!

Dieses Buch entführt Sie in die bunte Backwelt NRWs. In unseren westlichen Gefilden wurde schon immer gern Teig angerührt und in den Ofen geschoben – und mit den Heimathäppchen verschaffen wir den besten Backrezepten NRWs einen gebührenden Auftritt. Schon seit Jahrhunderten sind hierzulande engagierte Bäcker und Konditoren am Werk und kreierten im Laufe der Zeit ganz besondere Spezialitäten. Denken wir einmal an den legendären Pumpernickel, die Burger Brezel oder die Aachener Printen, die schon Kultstatus haben. Geschichten rund um die gebackenen Delikatessen und natürlich die Rezepte zum Nachmachen für zu Hause finden Sie in diesem Buch. Zugegeben – manchmal muss man für die Zubereitung etwas mehr Zeit einplanen, so zum Beispiel, weil die Teige teils länger gehen müssen. Wir können Ihnen aber versprechen, dass sich der Aufwand in jeder Hinsicht lohnt. Das Selbstgebackene hat Charakter und schmeckt so wunderbar, dass man ins Schwärmen gerät. Es hält sich gut, trocknet also nicht so schnell aus wie Industrieware – und man kann auch ein kleines bisschen damit angeben.
Bei uns wird aber nicht nur im Ofen gebacken, auch Waffeleisen, Pfanne und Fritteuse sind im Einsatz. Denn was wäre ein NRW-Backbuch ohne Quarkmutzen, Bollebäuschen oder Waffeln?

Zudem sind die Heimathäppchen dafür bekannt, dass sie regionalen Traditionsgerichten auch mal ein modernes Gewand verleihen. Da wir auch große Fans von Ofengerichten sind, haben wir für solch herzhafte Rezepte etwas Platz gelassen. Sie finden hier Alteingesessenes wie die Sejerlänner Ofenplätze oder Speckkuchen. Daneben nehmen wir traditionelle Zutaten wie Grünkohl, Senf oder Panhas und machen daraus moderne Gerichte.

DAS TEAM BEKOMMT ZUWACHS

Was ist seit dem ersten Buch passiert bei den Heimathäppchen? Wir haben unzählige neue Rezepte entwickelt, und im Internet werden sie nach wie vor

Claudia Lodorf (li.), Anja Tanas (Mi.) und Johanna Schnüpke (re.) haben viel Spaß in der Heimathäppchen-Küche.

filmisch in Szene gesetzt. Das Kernteam ist bestehen geblieben, Rezeptentwicklerin Élena-S. Eilmes (siehe Foto links) und auch Köchin Anne Biehl sowie die Mediengestalter Carina Wulf und Julian Steinberg sind nach wie vor an Bord. Neu dabei an der Kamera und im Schnitt ist Daniel Bechthold, und die Hände von Christina Körfken kann man seit einiger Zeit bewundern, wenn sie die leckeren Kreationen zubereitet.

Mit meinen Kolleginnen Johanna Schnüpke (ehem. Meier) und Claudia Lodorf koche ich nach wie vor im WDR Fernsehen bei der bunten und rasanten Sendung „Beste Heimathäppchen". Hier präsentieren wir in einem persönlichen Ranking unsere Lieblingsrezepte rund um ein spezielles Thema. Dabei liefert Regio-Expertin Johanna viele spannende Hintergrundinfos. Und ich selbst habe mir für jede Folge ein neues Heimathäppchen ausgedacht, das Sie natürlich auch hier im Buch wiederfinden.

TRADITIONSKÜCHE – ZEITLOS UND LECKER

Die Heimathäppchen sind nun schon über zwei Jahre alt – und kein bisschen langweilig. Jeden Tag aufs Neue möchten wir unsere Zuschauer und Internetfreunde von der traditionsreichen Küche NRWs begeistern, denn im Grunde ist sie zeitlos. Der Fokus auf regionale Zutaten der Saison ist topaktuell, es wird eingekocht und fermentiert, selbst gebacken und nicht viel weggeworfen. Ganz schön modern, finden Sie nicht? Gern möchte ich Sie einladen, mit uns in Kontakt zu treten. Ihre Anregungen und auch persönliche Familienrezepte sind immer willkommen. Sie möchten uns Ihr Feedback zu unserem neuen Backbuch geben? Unter *www.heimathaeppchen.wdr.de* sind die Kontaktmöglichkeiten aufgelistet.

Wir freuen uns darauf! Bis dahin,

Ihre Anja Tanas

GEBACKENE KULTURGESCHICHTE

Die Backkunst in NRW ist vielfältig, das werden Sie auf den kommenden Seiten sehen. Viele Rezepte sind einfach gestrickt, um sie ranken sich keine spektakulären Geschichten. Aber natürlich haben wir im Westen auch einige herausragende Spezialitäten und Traditionen, die hier noch einmal eine extra Erwähnung finden sollen. Denn Brauchtum ist die Basis der Heimatküche – und auch oft der Erfolgsfaktor unserer Heimathäppchen-Rezepte. Hier und dort widersprechen sich die überlieferten Geschichten, aus diesem Grund gibt es hier von unserer Seite keinen Anspruch auf Vollständigkeit.

BERGISCHE KAFFEETAFEL

„Wie Brunch, nur besser": Dieses Motto kommt einem zwangsläufig in den Kopf, wenn man die kulinarische Naturgewalt namens „Bergische Kaffeetafel" erleben darf. Nicht umsonst ist das Arrangement diverser Köstlichkeiten auch als „Koffeedrenkens met allem Dröm on Dran", dem Kaffeetrinken mit allem Drum und Dran, bekannt. Da biegt sich der Tisch unter allem, was Speisekammer und Kühlschrank zu bieten haben: Es gibt frische Waffeln mit Kirschkompott, Milchreis, Quark, Bergischen Blatz mit und ohne Rosinen, Schwarzbrot, gern auch Gusszwieback oder die Burger Brezel, Kuchen, Aufschnitt und Eierspeisen.

Was aber ist das „Bergische"? Das Bergische Land heißt nicht so wegen seiner zahlreichen Hügel, sondern die Region hat sich aus dem historischen Gebiet des Herzogtums Berg entwickelt und entspricht heute in etwa der „Mittelgebirgsregion Bergisches Land" mit der ungekrönten Hauptstadt Wuppertal. Die Kaffeetafel ist hier ursprünglich eine Esstradition für festliche Gelegenheiten wie Kindstaufen oder die lokale Kirmes. Sie entwickelte sich aber bereits im frühen 20. Jahrhundert zum Touristenmagneten. Zahlreiche Städter, die schon damals am Wochenende mit dem Zug ins idyllische Bergische reisten, um dem Lärm und Schmutz der Großstadt zu entkommen und hier frische Luft und Sonne zu tanken, mussten auch verpflegt werden – und so boten zahlreiche Landgasthöfe ausgiebige Kaffeestunden an. Bis zu den 1930ern hatte sich der Begriff „Bergische Kaffeetafel" fest etabliert, doch der Zweite Weltkrieg bedeutete zunächst den vorläufigen Garaus für die lieb gewonnene Tradition.

Erst Anfang der 1960er machte es sich Willi Münch, Direktor des Niederbergischen Museums in Wülfrath, zur Aufgabe, die Bergische Kaffeetafel wiederzubeleben – mit Erfolg. Heute kann man in zahlreichen Cafés und Landgasthöfen im gesamten Bergischen die Kaffeetafel wieder genießen – wahlweise auf Vorbestellung oder als Bestandteil des ständigen Angebots. Einige Connaisseurs fahren weite Strecken für die – ihrer Meinung nach – perfekte Komposition. Die ist nicht in Stein gemeißelt: Entstanden ist die Bergische Kaffeetafel aus dem, was in einer nicht besonders wohlhabenden Region zur Verfügung stand. Und so variierte die Zusammenstellung von Anfang an, immer davon abhängig, was die Gastgeber vorrätig hatten. Ganz wichtig aber: Dazu gehört, wie der Name schon sagt, Kaffee satt! Natürlich stilecht serviert in der Dröppelmina – die Einheimischen bestehen darauf, dass das Gerät, nicht wie oft zu lesen, Dröppelminna heißt! Der eigentümliche Name der großen, bauchigen Kaffeekanne aus Zinn setzt sich aus „dröppeln" für tropfen und „Mina", einer Kurzform für den Namen Wilhelmina, wie früher häufig Hausdienerinnen gerufen wurden, zusammen. Auf dem Tisch platziert, können sich die Gäste reihum ihren Kaffee aus dem angebrachten Hahn „zapfen". Der ist allerdings schnell mit Kaffeepulver verstopft und daher „dröppelt" der Kaffee am Ende nur noch heraus.

Traditionalisten bestehen übrigens darauf, dass die Kaffeetafel nur vom passenden Porzellan schmeckt: Und zwar dem mit dem klassischen weiß-blauen, sogenannten Zwiebelmuster. Zum Abschluss wird ein bergischer Korn oder ein Aufgesetzter serviert.

Backen ist bei uns Tagesgeschäft! Ob rustikales Brot oder Burger Brezeln – alles typisch NRW.

BURGER BREZEL [SIEHE S. 52]

Dieses goldbraune, mehrfach geschlungene knusprige Backwerk aus süßem Teig wird schon seit über 200 Jahren im Raum Solingen in Handarbeit hergestellt und heutzutage unter anderem in der alten Herzogsresidenz Schloss Burg an die zahlreichen Touristen verkauft. Die Burger Brezel mag manch einem Feinschmecker ganz pur etwas zu trocken sein, daher wird sie vorm Genuss gern in Kaffee eingetunkt – der Einheimische sagt auch gezoppt. Auch diese Backwerke gehören zur Bergischen Kaffeetafel dazu und haben zu festlichen Anlässen ihren großen Auftritt. Die Bedeutung der Brezeln erkennt man auch daran, dass 1989 den Burger Brezelbäckern ein Denkmal gesetzt wurde.

Wer aber hat das Kulturgut erfunden? Darum rankt sich folgende Geschichte:

Um 1795, zu Zeiten des ersten Koalitionskriegs, war auch die Gegend rund um Solingen von Franzosen besetzt. Ein verwundeter französischer Soldat wurde bei einem Bäcker in Burg an der Wupper untergebracht und zeigte diesem das kunstvolle Winden der Brezeln. Der Teig wird zu einem dünnen Strang gerollt, diesen wirkt der Bäcker durch die Luft und schlingt ihn dabei geschickt um einen „Schnackenstock". Einst waren viele Bäcker des Handwerks mächtig, eine Maschine kann die Arbeit nicht übernehmen. Heute gibt es aber nur noch wenige Betriebe, die die Brezel herstellen, sie ist quasi vom Aussterben bedroht, was Slow Food Deutschland e.V. dazu veranlasste, sie in die „Arche des Geschmacks" aufzunehmen.

BERGISCHER GUSSZWIEBACK

Dieser Zwieback zählt zu den Traditionsgebäcken der Bergischen Kaffeetafel, wird, wie die Burger Brezel, nur noch von wenigen Betrieben gefertigt. Das Rezept stammt noch aus dem 17. Jahrhundert und ist ebenfalls auf Franzosen zurückzuführen. Der Hefeteig hat nur wenig Fett, besteht ansonsten aus Zucker, Mehl und Wasser. Er wird in eine längliche Form gebracht und zweimal gebacken, wodurch er sehr trocken und knusprig wird. Vor dem zweiten Backen bekommen die Teigstücke einen

Belag auf Basis von Eiweiß und Milch – zum Beispiel vermischt mit Schokolade, Nuss oder Zitronensaft. Alle Handgriffe erfolgen traditionell von Hand, oder aber es kommen teils über hundert Jahre alte Maschinen zum Einsatz, darunter Teigportionierer und Schneidemaschinen. Moderne Geräte könnten diese Arbeit nicht besser erledigen.

AACHENER PRINTEN [SIEHE S. 56]

Sie meinen „Printe" ist ein seltsamer Begriff für ein Gebäck? Kein Problem, manch einer nennt sie Lebkuchen, wieder andere sagen auch Pfeffer- oder Gewürzkuchen. Es gibt sie in vielen verschiedenen Sorten, so zum Beispiel mit Kräutern, Honig, Nüssen oder Schokolade aufgepeppt. Original „Aachener Printen", im regionalen Dialekt gesprochen „Oecher Prente", werden aber nur in Aachen und in wenigen Orten in der Umgebung gebacken: Der Name ist in dieser Form eine durch die EU geschützte geografische Angabe (siehe S. 135).

Die ersten Printen gab es schon im Frühmittelalter: In Belgien sollen steinharte Knusperstücke nur aus Mehl und Zucker gebacken und zu religiösen Anlässen serviert worden sein – als Mensch oder Tier oder zu anderen Figuren geformt. Der Name „Printe" ist darauf zurückzuführen, dass im Mittelalter Reliefs in den extrem festen Teig eingeprägt wurden. Oder aber es wurden geschnitzte Hohlformen verwendet, in denen er gebacken wurde.

Im Laufe der Jahrhunderte wurde die Liste an Zutaten länger, auch dank der exotischen Gewürze, die endlich auch hierzulande erhältlich waren. Fett und Zuckersirup wurden ebenfalls erschwinglich und in den Teig eingearbeitet. Johann Werner Lambertz soll in Aachen im Jahr 1831 schließlich die Kräuterprinte in ihrer heutigen Beschaffenheit erfunden haben. Er ersetzte aus einer Not heraus importierten Honig und Rohrzucker durch Rübensaftsirup aus der Region. Der Teig, aufgewertet mit Fett und Eiern, wurde so flüssiger und konnte nicht mehr geformt oder bedruckt werden – aber egal. Er schmeckte viel besser, und man brach sich an den Printen nicht mehr die Zähne aus. Die Blütezeit der Bildprinten war vorbei, die Weichprinten traten ihren Siegeszug an. Die Aachener Printen haben also eine glatte Oberfläche, eine rechteckige Form und sind saftig und weich.

Fast 40 Jahre nach der Erfindung der weichen Kräuterprinte will man an selber Stelle auf die Idee gekommen sein, die Printen mit Schokolade zu überziehen – eine Neuheit für Deutschlands Backkultur. Heute profitieren zahlreiche Aachener Printenbäcker von dem guten Image des Gebäcks über alle Grenzen hinweg.

ÖCHER POSCHWECK [SIEHE S. 46]

Rund um Ostern ist in Aachen die Zeit für einen besonderen Gaumenschmaus – der Öcher Poschweck landet endlich wieder auf dem Frühstückstisch oder der Kaffeetafel. Und das soll schon seit dem Mittelalter so und nicht anders sein. Öcher heißt die Stadt selbst im traditionellen Platt, und die Osterfeiertage werden Paschen genannt – so kann man den Namen des süßen, hellen Hefeteigbrots erklären. Seine Form ist oval, durch die Oberfläche ziehen sich drei Einschnitte. Innen trumpft das Brot mit Nüssen, kandierten und getrockneten Früchten auf. Manch ein Rezept sieht vor, dass ein paar Stückchen Würfelzucker, Zuckerklümpchen oder Kandis im Teig landen. Ob mit oder ohne, für die schlanke Linie ist das Backwerk nichts – zumal die Aachener die Scheiben auch gern noch mit Butter und sogar mit Marmelade bestreichen. Eine alte Tradition sieht vor, dass die Schnitten mit Leberwurst getoppt werden – es soll tatsächlich auch heute noch Menschen geben, die daran festhalten.

Man sagt, dass die Bäcker im 19. Jahrhundert verpflichtet waren, den Poschweck an die Kundschaft zu verschenken, die die lange Fastenzeit vor Ostern damit brechen sollten. Aber solche Geschenke gehen richtig ins Geld, und die Bäcker zettelten nicht nur einmal einen Aufstand an. Irgendwann dann auch tatsächlich mit Erfolg, denn heute zahlen die Aachener natürlich für ihr Osterbrot.

PUMPERNICKEL

Er ist DIE Brotspezialität NRWs schlechthin. Leider kann man Pumpernickel daheim aber nicht so einfach selbst machen. Wieso das so ist, kann man zum Beispiel in Soest erfahren, hier soll es die älteste Bäckerei geben, die das sehr dunkle, süßlich schmeckende Vollkornbrot nach dem Originalrezept herstellt. Sie wurde um 1570 von Jörgen Haverlanth gegründet. Seine Nachkommen bemühen sich seit geraumer Zeit darum, dass ihr Pumpernickel als UNESCO-Weltkulturerbe anerkannt wird. Dabei werden sie vom Zentralverband des Deutschen Bäckerhandwerks unterstützt. Der Pumpernickel besteht hier nur aus Roggenvollkornschrot, Wasser und Salz. Die Herstellung ist sehr aufwendig: Das Korn muss in einem ersten Schritt in Wasser quellen, wird dann längere Zeit zu einem sämigen Teig geknetet und schließlich in gefettete Formen abgefüllt. Im Ofen bei knapp über 100 °C wird der Pumpernickel im Wasserdampf rund 23 Stunden gegart. Dabei entstehen die dunkle Farbe und der süßliche Geschmack. Manche Hersteller produzieren das Brot in wesentlich kürzerer Backzeit bei höheren Temperaturen, geben dann Malz, Sirup oder Zuckerkulör als Farbstoff hinzu.

Der fertig gegarte Pumpernickel wird aufgeschnitten und abgepackt. In der Verpackung wird er nochmals erhitzt, also pasteurisiert, damit er mindestens ein Jahr haltbar ist.

Pumpernickel enthält sehr viele gesunde Ballaststoffe. Er schmeckt mit Honig, Käse oder Wurst, aber auch als Dessert in Form einer Mousse oder geröstet im Müsli oder Salat.

HALVE HAHN [SIEHE S. 94]

Ein halber Hahn? Nein, mit Geflügel hat das Gericht nichts zu tun, nicht einmal im Entferntesten. Alles, was Sie für diesen typisch kölschen Kneipensnack

Pumpernickel – DER Brotklassiker aus NRW

Ein echtes Prachtstück aus der NRW-Backstube – das Siegerländer Schanzenbrot

benötigen, ist ein halbes Röggelchen, also das typische Roggenbrötchen aus der Domstadt, aufgeschnitten, mit Butter bestrichen und mit einer Scheibe mittelaltem Schnittkäse aus Holland belegt. Diese kreative Kost wird traditionell mit Zwiebeln, Senf, sauren Gurken und einer Prise Paprikapulver gegessen. Wie das schnöde Käsebrot einen solch untypischen Namen bekam, lässt sich nicht ganz klar nachvollziehen, es gibt verschiedene Erklärungen. Die meisten glauben jedoch einem Mann namens Wilhelm Vierkötter. Als Senior im Jahr 1913 erinnerte er sich an eine rund 30 Jahre zurückliegende Geburtstagsfeier, zu der er Freunde in ein Gasthaus in Köln eingeladen hatte. Die Geschichte teilte er dann in einem Leserbrief an eine Zeitung mit. Er hatte seine Gäste verschaukeln wollen und den Kellner, auch Köbes genannt, beschworen, anstatt der bestellten halben Hähnchen doch einfach diese Käsebrötchen zu servieren.

Es soll viel gelacht worden sein damals, und der Begriff Halve Hahn wurde fortan nun seines eigentlichen Sinnes beraubt. Andererseits wird auch überliefert, dass schon zuvor ein Brötchen mit günstigem Handkäse so genannt wurde, dieses konnte sich die arme Bevölkerung gerade noch so leisten. Als der Sauermilchkäse dann durch Schnittkäse ersetzt wurde, blieb die Bezeichnung bestehen. Oder aber es hat mit dem kölschen Dialekt zu tun. Ist einem ein Röggelche, das ja als Doppelbrötchen gebacken wird, zu viel und man bestellt nur ein halbes, sagt man hier: „Darf ich en halven hann?"

SIEGERLÄNDER SCHANZENBROT

[SIEHE S. 80]

Das Schanzenbrot ist ein rustikal bemehltes Sauerteigbrot, das ausschließlich aus Roggenmehl ohne Weizenanteil gebacken wird. Es hat eine lange Tradition in seiner Heimat, dem Siegerland: Sein Name erinnert daran, wie seinerzeit der Backes, das Gemeinschaftsbackhaus, angeheizt wurde. Dies war eine langwierige Arbeit, die bereits am Vortag begann. Die namensgebenden Schanzen, zusammengebundene Bündel aus Buchen-, Eichen-, Birken- und Haselnussreisig, wurden am Vorabend im Ofen abgebrannt, die Glut verblieb dort über Nacht und wärmte das Gemäuer der großen Steinbackofen vor.

Am eigentlichen Backtag wurde morgens erneut gezündelt, und weitere Schanzen brannten im Ofen ab, der richtig schön heiß wurde. Dann begann ein Knochenjob, denn die Glut musste aus dem heißen Ofen geholt werden. Auch wenn man erst die größte Hitze entweichen ließ, war diese Arbeit immer noch sehr gefährlich – der Ofen hatte jetzt eine Temperatur von rund 250 °C.

Dann strömten die Familien mit ihren Teiglingen herbei. In einen Backes passten in der Regel über 20 große Brotlaibe. Nach rund anderthalb Stunden waren die Brote fertig gebacken. Durch das Verbrennen des Holzreisigs im Ofen hatte die Kruste ein ganz besonderes Aroma. Auch heute noch wird diese wunderbare gemeinschaftliche Tradition in vielen Orten des Siegerlandes gepflegt. Am Backestag wird dabei nicht nur gebacken, sondern auch gern mal der Grill angeworfen und das ein oder andere Bier gezapft.

Die Schanzen fielen im sogenannten Hauberg an, eine Form der Waldwirtschaft, die typisch ist für das Siegerland. Rinde und Blätter wurden zum Gerben von Leder verwendet, die Stämme wurden zu Brennholz, das die ansässige Eisenerzindustrie benötigte. Der typische Hauberg wurde aber nicht komplett gerodet, sondern geschwendet: Hierfür wurden die Bäume zwar gefällt, Wurzeln und Stümpfe aber ließ man an Ort und Stelle und beugte so Erdrutschen vor. Außerdem konnten die Baumstümpfe neu austreiben, in 15 bis 20 Jahren entstand ein neuer Wald, der dann wieder abgeholzt werden konnte. Auf den durch Schwendung gewonnenen Flächen wurden im darauffolgenden Jahr Buchweizen und Roggen angebaut. So schließt sich der Kreis des Schanzenbrotes.

KULT RUND UM BUCHWEIZEN

Das Knöterichgewächs Buchweizen war in NRW einst ein Standardprodukt in vielen Küchen. Verbreitet sind bis heute noch besonders Buchweizenpfannkuchen – vor allem im Bergischen Land, aber auch in der Eifel und rund um Münster. Sie werden süß mit Rübenkraut oder aber auch als deftiges Gericht mit Speck serviert. Von Region zu Region hatte das Buchweizengebäck unterschiedliche Namen, je nach der örtlichen Mundart – so findet man zum Beispiel Begriffe wie „Heensch" oder auch „Rötsch". Buchweizen spielte früher vor allem in solchen Regionen eine Rolle, in denen die Ackerböden nicht ideal für Getreide waren, also zu sauer, zu nährstoffarm oder Ähnliches.

Für die Landwirte in NRW ist er auch heute eine ideale Zwischenfrucht. Er erweitert die Fruchtfolge und ist in rund zwölf Wochen erntereif. Ein paar Wochen nach der Ernte des Wintergetreides wird gesät und im Oktober geerntet. Der Name Buchweizen ist entstanden, weil die Samen die Form von Bucheckern haben. Ungemahlener Buchweizen kann wie Reis mit Wasser im Verhältnis 1:2 zubereitet werden. Röstet man die Körner an, dann wird der nussige Geschmack intensiver. Aus Buchweizenmehl lassen sich Brot und Kuchen backen – aber Vorsicht: Es enthält kein Gluten (Klebereiweiß), daher sollte man es, wenn keine Eier im Rezept vorkommen, zum Beispiel mit Weizenmehl mischen.

HINTER DEN KULISSEN

Die fleißigen Helferinnen hinter den Heimathäppchen: Élena-S. Eilmes (siehe S. 4) unterstützt Anja Tanas bei der Suche nach besonderen Rezepten und bringt sie zu Papier. Anne Biehl setzt als Köchin und Foodstylistin das Essen für die Online-Topshots gekonnt in Szene, Carina Wulf hält alles mit der Kamera fest (siehe unten).

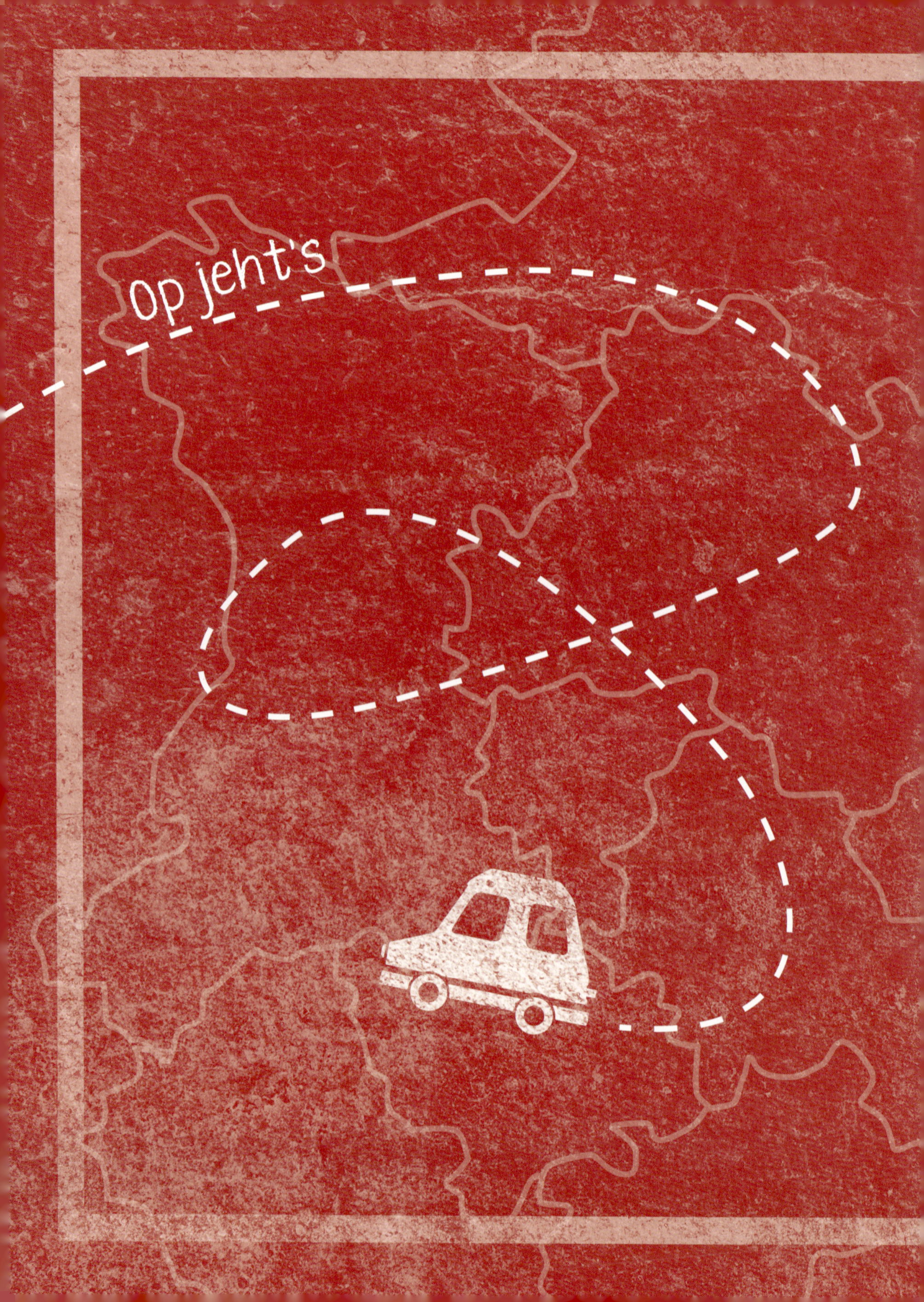
op jeht's

MAL BODENSTÄNDIG, MAL RAFFINIERT

* KUCHEN UND TORTEN *

BERGISCHER APFELKUCHEN

APFELTRADITION AUS DEM OFEN

Das Bergische Land ist geprägt von unzähligen Streuobstwiesen. An knorrigen Bäumen wachsen hier wunderbare Äpfel – oft alte, fast vergessene Sorten, die zum Beispiel wegen geringer Erträge nicht zum Turbo-Obstanbau passen. Wir feiern sie mit einem Kuchen.

Für den Belag:
20 g Sultaninen
1 TL Rum (alternativ Apfelsaft)
900 g säuerliche Äpfel
(z. B. Cox Orange oder Boskop)
Saft von ½ Zitrone
2 EL Johannisbeergelee
1 EL Zucker

Für den Rührteig:
55 g weiche Butter • 55 g Zucker
Mark von ½ Vanilleschote
2 Eier (Größe S)
180 g Mehl (Type 405)
1 TL Backpulver
2 Eiweiß (Größe S)
Salz • 30 ml Milch

Außerdem:
1 Springform (18 cm Durchmesser)
weiche Butter und Mehl für die Form
50 g Mandelblättchen
Puderzucker zum Bestäuben

1. **Für den Belag** die Sultaninen in einer kleinen Schale mit dem Rum mischen und kurz ziehen lassen. Die Äpfel vierteln, schälen, entkernen und grob schneiden. Mit Zitronensaft, Johannisbeergelee und Zucker in einem Topf mischen und bei mittlerer Hitze etwa 5 Minuten unter Rühren andünsten. Abkühlen lassen. Die Rumrosinen unterrühren. Backofen auf 180 °C vorheizen.

2. **Für den Rührteig** die Butter mit drei Vierteln des Zuckers und dem Vanillemark etwa 3 Minuten schaumig rühren. Die Eier einzeln unterrühren. Das Mehl mit dem Backpulver mischen und beiseitestellen.

3. Die Eiweiße mit 1 Prise Salz zu Eischnee schlagen und dabei den restlichen Zucker einrieseln lassen. Anschließend die Mehlmischung abwechselnd mit der Milch unter die Buttermischung rühren. Zum Schluss den Eischnee vorsichtig unterheben.

4. Den Boden der Springform mit Backpapier auslegen. Den Rand einfetten und mit Mehl bestäuben, dabei überschüssiges Mehl abklopfen. Drei Viertel des Teigs in die Form füllen.

5. Die Apfelmischung darauf verteilen und mit dem restlichen Teig bedecken. Zum Schluss die Mandelblättchen daraufstreuen und den Kuchen im Ofen auf der mittleren Schiene etwa 40 Minuten backen.

6. Die Form aus dem Ofen nehmen und den Kuchen in der Form auf einem Kuchenrost lauwarm abkühlen lassen. Vorsichtig aus der Form lösen, auf eine Servierplatte setzen und mit Puderzucker bestäuben. Lauwarm servieren.

Peppen Sie den Bergischen Apfelkuchen mit frisch geschlagener Sahne auf, dann schmeckt er noch verführerischer! Auch mit einer Kugel Vanilleeis wird er zu einer äußerst leckeren Versuchung!

FÜR 1 SPRINGFORM

ARBEITSZEIT: 25 MIN.

RUHEZEIT: 30 MIN.

BACKZEIT: 40 MIN.

GREESMEHLTAAT – HEFEKUCHEN MIT GRIESS

GENIALE KOMBINATION

Grießbrei mit Streuseln – wenn das nicht verführerisch klingt?! Dieses Eifler Rezept für Greesmehlstaat ist fast schon vergessen – dabei ist es sooo lecker! Und ziemlich einfach. Nach dem Servieren können Sie sich über jede Menge glückliche Gesichter freuen!

1. Für den Hefeteig die Hefe in die lauwarme Milch bröckeln. Zucker und 3 gehäufte EL Mehl unterrühren, den Vorteig 30 Minuten abgedeckt gehen lassen.

2. Restliches Mehl, Rübenkraut, Butter, Eier und 1 Prise Salz in eine Rührschüssel füllen. Die Hefemischung hinzufügen und alles mit den Knethaken des Handrührgeräts zu einem glatten, elastischen Teig verkneten. Abgedeckt an einem warmen Ort etwa 1 Stunde gehen lassen.

3. Für die Streusel die Butter zerlassen. Mehl, Zucker, 1 Prise Salz und die flüssige Butter mit den Händen zu Streuseln verkneten und bis zur Verwendung in den Kühlschrank stellen.

aus der Eifel

4. Für den Grießpudding die Vanilleschote längs aufschneiden und das Mark herauskratzen. Milch, Vanillemark und ausgekratzte Schote in einem großen Topf aufkochen. Den Topf vom Herd nehmen, die Vanilleschote entfernen. Grieß, Zucker und Orangenschale in die Milch rühren. Den Topf zurück auf den Herd stellen, unter ständigem Rühren erneut aufkochen und etwa 5 Minuten sämig einkochen. Grießpudding vom Herd nehmen und kurz beiseitestellen.

5. Die Eier trennen. Die Eigelbe nacheinander in den Grießpudding rühren. Die Eiweiße mit 1 Prise Salz steif schlagen und unter die Masse heben. Abkühlen lassen und dabei gelegentlich umrühren.

6. Den Backofen auf 200 °C vorheizen und ein Backblech mit Backpapier auslegen. Den Hefeteig auf der bemehlten Arbeitsfläche nochmals durchkneten und auf Backblechgröße ausrollen. Auf das Backblech legen. Den Teig in die Ecken drücken. Den abgekühlten Grießpudding gleichmäßig auf dem Kuchenboden verstreichen.

7. Die Brombeeren verlesen, waschen, in einem Sieb abtropfen lassen und auf dem Grießpudding verteilen. Die Streusel gleichmäßig aufstreuen. Den Kuchen im Ofen auf der mittleren Schiene etwa 30 Minuten backen. Abkühlen lassen und zum Servieren in Stücke schneiden.

TIPP: Wenn Sie keine Brombeeren bekommen, können Sie andere Beeren oder auch Kirschen bzw. Zwetschgen verwenden.

Für den Hefeteig:
½ Würfel Hefe
125 ml lauwarme Milch
20 g Zucker
500 g Mehl (Type 550)
90 g Rübenkraut (Zuckerrübensirup)
70 g Butter
2 Eier • Salz

Für die Streusel:
120 g Butter
200 g Mehl (Type 405)
150 g Zucker • Salz

Für den Grießpudding:
1 Vanilleschote
1½ l Milch
200 g Hartweizengrieß
150 g Zucker
1 TL abgeriebene Bio-Orangenschale
2 Eier • Salz

Außerdem:
1 Backblech (40 × 30 cm)
Mehl für die Arbeitsfläche
350 g Brombeeren

FÜR 1 BACKBLECH

ARBEITSZEIT: 20 MIN.

RUHEZEIT: 2 STD.

BACKZEIT: 30 MIN.

WESTFÄLISCHER SCHMANDKUCHEN

DAS TOPPING GIBT DEN KICK

Eine weitere Köstlichkeit für die Kaffeetafel: Der cremige Kuchen mit Mürbeteigboden bekommt einen Guss obenauf, der ganz einfach, aber gleichzeitig ein echtes i-Tüpfelchen ist. Bleibt nur noch die Frage: Wer bekommt das letzte Stück?

1. Für den Mürbeteig die Butter in Würfel schneiden. Mehl, Zucker und 1 Prise Salz in einer Rührschüssel mischen. Butter, Vanilleextrakt und Eigelb hinzufügen und alles mit den Knethaken des Handrührgeräts zu einer krümeligen Masse verarbeiten. Auf der bemehlten Arbeitsfläche mit den Händen zu einem glatten Teig verkneten. Zu einer Kugel formen, auf Frischhaltefolie flach drücken, einwickeln und 1 Stunde kühl stellen.

2. Den Boden der Springform mit Backpapier auslegen. Den Rand mit Butter einfetten.
Den Mürbeteig auf wenig Mehl 5 mm dick ausrollen und die Form so damit auskleiden, dass ein etwa 5 cm hoher Rand entsteht. Den Boden gleichmäßig mit einer Gabel einstechen. Kühl stellen.

3. Für die Puddingfüllung die Speisestärke mit 3 EL Zucker und etwa 50 ml Milch anrühren. Die restliche Milch in einem ausreichend großen Topf zum Kochen bringen. Die kochende Milch vom Herd nehmen und die Stärkemischung mit einem Schneebesen einrühren. Unter ständigem Rühren aufkochen und etwa 1 Minute kochen lassen, bis die Stärke bindet. Den Pudding vom Herd nehmen, in eine Rührschüssel füllen und lauwarm abkühlen lassen.
In kurzen Abständen umrühren, damit sich keine Haut bildet.

4. Den Backofen auf 175 °C vorheizen. Den restlichen Zucker, Schmand, Ei, Vanilleextrakt und Zitronenschale mit einem Schneebesen unter den abgekühlten Pudding rühren. In die vorbereitete Springform gießen und den Kuchen im Ofen auf der mittleren Schiene 35 Minuten backen.

5. Für den Schmandguss Schmand und Zucker glatt rühren. Den Kuchen aus dem Ofen nehmen und den Schmandguss gleichmäßig auf der Oberfläche verstreichen. Zurück in den Ofen stellen und weitere 15 Minuten backen.

6. Den Kuchen herausnehmen und in der Form auf einem Kuchenrost abkühlen lassen. Mindestens 2 Stunden kühl stellen. Vor dem Servieren vorsichtig aus der Form lösen, mit Zimt bestäuben und in Stücke schneiden.

WICHTIG: Der Schmandguss soll nicht bräunen oder zu fest werden, also beim Backen immer ein Auge darauf haben.

aus Westfalen

Für den Mürbeteig:
100 g kalte Butter
200 g Mehl (Type 405)
50 g Puderzucker
Salz • ¼ TL Vanilleextrakt
1 Eigelb

Für die Puddingfüllung:
35 g Speisestärke
100 g Zucker
¼ l Milch
300 g Schmand
1 Ei (Größe L)
¼ TL Vanilleextrakt
abgeriebene Schale von
½ Bio-Zitrone

Für den Schmandguss:
200 g Schmand
40 g Zucker

Außerdem:
1 Springform (18 cm Durchmesser)
Mehl für die Arbeitsfläche
weiche Butter für die Form
1 TL Zimtpulver

FÜR 1 SPRINGFORM

ARBEITSZEIT: 30 MIN.

RUHEZEIT: 1 STD.

BACKZEIT: 50 MIN.

KÜHLZEIT: 2 STD.

KRUCKKOOCHE – RÜBENKRAUTKUCHEN

FÜR ECHTE RÜBENKRAUTFANS

Ohne Rübenkraut geht in NRW gar nichts – klar, dass dem klebrigen Zuckerrübensirup ein eigener Kuchen gewidmet wird. Kruckkooche ist also nichts anderes als Krautkuchen. Er ist schnell gemacht, bleibt lange frisch und schmeckt nach ... Rübenkraut.

Für den Kuchen:
65 g Butter
115 g Rübenkraut (Zuckerrübensirup)
50 g Zucker
Salz
1 Ei
½ TL Vanilleextrakt
¼ TL Zimtpulver
125 g Mehl (Type 405)
½ TL Backpulver
30 g gehackte Mandeln
50 ml Milch

Außerdem:
1 Muffinblech mit 6 Mulden
weiche Butter und Mehl für die Form
Puderzucker zum Bestäuben

1. **Für den Kuchen** Butter und Rübenkraut aufkochen und in eine Rührschüssel gießen. Handwarm abkühlen lassen. Den Backofen auf 175 °C vorheizen.

2. Zuerst Zucker und 1 Prise Salz, dann Ei, Vanilleextrakt und Zimt unter die Butter-Rübenkraut-Mischung rühren. Mehl, Backpulver und Mandeln mischen und unterrühren.
Die Milch unterrühren.

3. Die Mulden des Muffinblechs dünn mit weicher Butter einfetten. Mit etwas Mehl bestäuben, dieses durch Drehen der Form gut verteilen und überschüssiges Mehl ausklopfen. Den Teig gleichmäßig in die Vertiefungen des Muffinblechs füllen und im Ofen auf der mittleren Schiene etwa 25 Minuten backen.

4. Das Muffinblech aus dem Ofen nehmen und die Kruckkooche 5 Minuten abkühlen lassen. Aus der Form lösen und auf einem Kuchenrost abkühlen lassen. Vor dem Servieren mit Puderzucker bestäuben.

TIPP: Wir backen handliche Muffins – man kann auch eine größere Backform verwenden. Aber Achtung: Je nach Größe der Form müssen Sie die Mengen und die Backzeit entsprechend anpassen.

FÜR 6 STÜCK

ARBEITSZEIT: 10 MIN.

BACKZEIT: 25 MIN.

FREUD-UND-LEID-KUCHEN

BUTTERKUCHEN – NICHT MEHR, NICHT WENIGER

Hinter diesem poetischen Namen verbirgt sich ein luftiger Blechkuchen aus Hefeteig, Butter, Zucker und nach Belieben Mandelblättchen. In Westfalen wird er zu allen Gelegenheiten des Lebens serviert: Taufen, Hochzeiten, Beerdigungen.

Für den Hefeteig:
1 Päckchen Trockenhefe
50 g Zucker
200 ml lauwarme Milch
400 g Mehl (Type 550)
1 Päckchen Vanillezucker
1 Ei
50 g weiche Butter
Salz

Für den Belag:
125 g Butter
125 g Zucker
1 Päckchen Vanillezucker
125 g gehobelte Mandeln (nach Belieben)

Außerdem:
1 Backblech (40 × 30 cm)
weiche Butter für das Blech

aus Westfalen

1. **Für den Hefeteig** Hefe und Zucker in die lauwarme Milch rühren und 5 Minuten stehen lassen. Restliche Zutaten und 1 Prise Salz hinzufügen und mit den Knethaken des Handrührgeräts zu einem glatten, elastischen Teig verkneten. Den Teig zugedeckt an einem warmen Ort 1 Stunde gehen lassen.

2. Ein Backblech dünn mit Butter einfetten. Den Teig nochmals durchkneten und auf dem Backblech ausrollen.

3. **Für den Belag** mit den Fingern in gleichmäßigen Abständen kleine Kuhlen in den Teig drücken. Die Butter in Flöckchen auf die Kuhlen verteilen.

4. Zucker und Vanillezucker mischen und gleichmäßig über den Kuchen streuen. Nach Belieben gehobelte Mandeln darüberstreuen. Den Kuchen nochmals 15 Minuten ruhen lassen. Inzwischen den Backofen auf 200 °C vorheizen.

5. Den Kuchen im Ofen auf der mittleren Schiene 15 bis 20 Minuten backen, bis er appetitlich golden ist.

6. Das Blech aus dem Ofen nehmen und auf einen Kuchenrost stellen. Den Freud-und-Leid-Kuchen abkühlen lassen, in Stücke schneiden und möglichst frisch servieren.

Falls wider Erwarten was übrig bleibt: Kuchen am nächsten Tag vor dem Servieren im Ofen noch mal kurz aufbacken.
FÜR 1 BACKBLECH
ARBEITSZEIT: 20 MIN.
RUHEZEIT: 1 ¼ STD.
BACKZEIT: 20 MIN.

ALTBIER-SCHOKOLADENKUCHEN

EIGENKREATION MIT LEGENDÄREM NRW-BIER

Wir in NRW kochen gern mit Bier. Aber wussten Sie schon, dass man zum Beispiel mit Altbier auch wunderbar backen kann? Etwa diesen saftigen Schokoladenkuchen, der durch die malzigen Aromen ganz außergewöhnlich wird.

1. Den Backofen auf 175 °C vorheizen. Die Springform mit Backpapier auslegen und den Rand dünn mit Butter einfetten.

2. Für den Teig Butter und Altbier in einem Topf erhitzen, bis die Butter flüssig ist. Kakaopulver, beide Zuckersorten und 1 Prise Salz unterrühren, bis der Zucker geschmolzen ist. Die Mischung in eine Rührschüssel umfüllen und abkühlen lassen.

3. Saure Sahne, Ei und Vanilleextrakt mit einem Schneebesen unterrühren. Mehl und Natron hinzufügen und alles zu einem glatten Teig verrühren. Den Teig in die vorbereitete Springform füllen und im Ofen auf der mittleren Schiene etwa 45 Minuten backen. Herausnehmen und in der Form mindestens 30 Minuten abkühlen lassen.

4. Für die Birnenschicht die Birnen schälen, halbieren, das Kerngehäuse entfernen und das Fruchtfleisch fein würfeln. Birnen mit Zitronensaft, Zucker, Birnensaft, 50 ml Wasser und Nelken in einem Topf aufkochen und einige Minuten leise köcheln lassen, dabei gelegentlich umrühren.

5. Agar-Agar mit 30 ml Wasser verrühren, zum Birnenkompott hinzufügen und unter Rühren nochmals 1 bis 2 Minuten kochen lassen. Die Nelken entfernen. Einen Teil des Kompotts in eine Pralinen- oder Eiswürfelform füllen, um acht Schmuckelemente zu erhalten. Die Birnenpralinen im Kühlschrank erkalten lassen. Das restliche Birnenkompott gleichmäßig auf dem Schokoladenkuchen verteilen und vollständig abkühlen lassen.

6. Für das Frischkäse-Topping die Sahne steif schlagen, Puderzucker und Vanilleextrakt unterheben. Frischkäse löffelweise unterrühren, bis eine glatte Creme entsteht. Den Kuchen aus der Springform lösen. Das Frischkäse-Topping wellenförmig darauf verteilen, sodass es an den Schaum auf einem Glas Altbier erinnert. Den Altbier-Schokoladenkuchen mit den Birnenpralinen garnieren.

TIPP: Dazu schmeckt Rübenkrautkaramell (siehe Rezept Klatschkiestaat, S. 34).

Verwenden Sie, wenn Sie ihn bekommen, den noch leicht feuchten, amerikanischen Zucker (soft brown sugar). Man kann ihn auch selbst machen: 150 g weißen Zucker mit 1 EL Melasse mischen und einige Minuten gründlich verrühren.

aus Düsseldorf

hier

Für den Teig:
100 g Butter
150 ml Altbier
60 g Kakaopulver
140 g Zucker
140 g brauner Zucker
Salz • 100 g saure Sahne
1 Ei • 1 TL Vanilleextrakt
200 g Mehl (Type 550)
1½ TL Natron

Für die Birnenschicht:
3 Birnen
2 EL Zitronensaft
3 EL Zucker
¼ l naturtrüber Birnensaft
2 Gewürznelken
1 TL Agar-Agar

Für das Frischkäse-Topping:
175 g Sahne
50 g Puderzucker
¼ TL Vanilleextrakt
300 g Frischkäse

Außerdem:
1 Springform (18 cm Durchmesser)
weiche Butter für die Form

FÜR 1 SPRINGFORM

ARBEITSZEIT: 15 MIN.

RUHEZEIT: 1 ½ STD.

BACKZEIT: 45 MIN.

RÖTSCHTORTE MIT BEERENCREME

SÜẞE SÜNDE MIT KAFFEE UND BUCHWEIZENMEHL

Der „Rötsch" ist ein Pfannkuchen aus dem Bergischen. Traditionell wird Speck eingebacken, aber wir haben gedacht: Aus dem „Rötsch" könnte man doch auch wunderbar eine süße Torte machen!

Für die Pfannkuchen:
500 g Buchweizenmehl
100 ml heißer Kaffee
400 ml Milch
2 TL Backpulver
4 EL Zucker • Salz
4 Eier
150 ml kohlensäurehaltiges Mineralwasser
Rapsöl zum Braten

Für die Creme:
100 g Haselnusskerne
400 g Magerquark
2 TL abgeriebene Bio-Zitronenschale
5 EL Rübenkraut (Zuckerrübensirup)
200 g Sahne
1 Päckchen Sahnesteif
250 g Heidelbeeren
250 g Brombeeren

Außerdem:
Rübenkraut zum Beträufeln

1. Für die Pfannkuchen das Mehl mit Kaffee, Milch, Backpulver, Zucker und 1 Prise Salz verrühren. Eier und zuletzt das Mineralwasser unterrühren und den Teig 20 Minuten quellen lassen.

2. Für die Creme die Haselnüsse hacken und in einer Pfanne ohne Fett kurz anrösten, bis sie duften. Abkühlen lassen.

3. Den Quark mit Zitronenschale und Rübenkraut verrühren. Die Sahne mit Sahnesteif steif schlagen und unter den Quark heben. Die Beeren verlesen, waschen und mit Küchenpapier trocken tupfen. Die Hälfte der Beeren pürieren und unter die Quarkcreme mischen.

4. Etwas Rapsöl in einer Pfanne erhitzen. Aus dem Teig nacheinander 10 dünne Pfannkuchen ausbacken und auf Küchenpapier abkühlen lassen.

5. Einen Pfannkuchen auf eine Servierplatte legen und mit etwas Creme bestreichen. Den nächsten Pfannkuchen darauflegen und wieder Creme daraufstreichen. Fortfahren, bis Pfannkuchen und Creme aufgebraucht sind, mit Quarkcreme abschließen. Darauf die restlichen Beeren und gerösteten Haselnüsse verteilen.

6. Die Torte im Kühlschrank 1 Stunde durchziehen lassen und dann mit einem sehr scharfen Messer ohne Druck – sonst wird die Creme herausgequetscht – in Stücke schneiden. Auf Tellern anrichten und mit Rübenkraut beträufelt servieren.

Man kann auch nur die Pfannkuchen backen und sie mit Apfelmus und Rübenkraut servieren.

FÜR 6 PERSONEN

ARBEITSZEIT: 45 MIN.

QUELLZEIT: 20 MIN.

KÜHLZEIT: 1 STD.

BERGISCHER BLATZ

HEFEKÜCHLEIN MIT BUTTERCREME

Der „Blatz", ein süßes Hefeteigbrot in Kastenform, ist eigentlich ganz schnörkellos. Unsere Variante – Küchlein mit Buttercremehaube – ist eine elegante Erscheinung und geht so sogar als Törtchen durch. Blatz, du bist ein Schmuckstück!

Für den Hefeteig:
60 g Butter
250 g Mehl (Type 550)
150 g Zucker
½ Würfel Hefe
Salz
110 ml lauwarme Milch
1 Ei
1 große Birne
60 g Haselnusskerne

Für die Buttercreme:
150 g weiche Butter
20 g Puderzucker
200 g zimmerwarmer Frischkäse
50 g zimmerwarme Erdbeerkonfitüre

Außerdem:
1 Backform für 8 Minikastenkuchen
weiche Butter für die Form
Spritzbeutel mit Tülle

1. Für den Hefeteig die Butter zerlassen und handwarm abkühlen lassen. Mehl, Zucker, zerbröckelte Hefe und 1 Prise Salz in eine Rührschüssel füllen. Milch, Ei und die Butter hinzufügen und 5 Minuten zu einem glatten, elastischen Teig verkneten. Den Teig zugedeckt an einem warmen Ort 1 Stunde gehen lassen.

2. Inzwischen die Birne vierteln, schälen und das Kerngehäuse entfernen. Die Birnenviertel in etwa 5 mm große Würfel schneiden. Die Haselnüsse grob hacken und ohne Fett anrösten, bis sie duften. Abkühlen lassen.

3. Vertiefungen der Backform mit Butter einfetten. Birnenwürfel und Haselnüsse vorsichtig unter den Teig kneten und den Teig in acht Teile teilen. Zu kleinen Laiben formen, in die vorbereitete Form legen und nochmals 15 Minuten gehen lassen.

4. Inzwischen den Backofen auf 180°C vorheizen. Die Hefeküchlein im Ofen auf der mittleren Schiene etwa 20 Minuten backen. Aus dem Ofen nehmen, vorsichtig aus den Formen lösen und auf einem Kuchenrost auskühlen lassen.

5. Für die Buttercreme die Butter mit dem Puderzucker schaumig schlagen. Esslöffelweise den Frischkäse unterrühren, bis eine glatte Creme entsteht. Die Erdbeerkonfitüre mit einem Schneebesen so unterziehen, dass die Buttercreme marmoriert wirkt.

6. Buttercreme in einen Spritzbeutel füllen und die Mini-Blatz damit verzieren. Vor dem Servieren nochmals 20 Minuten in den Kühlschrank stellen.

Damit die Buttercreme nicht gerinnt, müssen alle Zutaten Zimmertemperatur haben.

FÜR 8 STÜCK

ARBEITSZEIT: 45 MIN.

RUHEZEIT: 1 ¼ STD.

KÜHLZEIT: 20 MIN.

BACKZEIT: 20 MIN.

SCHWATZE FLAAM

HEFEKUCHEN-KLASSIKER IM MINIFORMAT

Dieser Kuchen ist vor allem im NRW-Grenzgebiet zu Belgien zu finden, die Aachener kennen ihn gut – dort wird er traditionell vor allem zu Beerdigungen gereicht. Wir backen die Fladen mit der klassischen dunklen Füllung aus Birnen und Pflaumen im Miniformat.

1. Für die Füllung am Vortag Anis in einer Pfanne anrösten, bis er duftet. Getrocknetes Obst grob hacken, mit Anis, Birnensaft und 50 ml Wasser in eine Schüssel füllen und abgedeckt über Nacht einweichen lassen.

2. Für den Hefeteig am nächsten Tag beide Mehlsorten, Zucker und 1 Prise Salz in einer Schüssel vermischen. Die Milch in einem Topf leicht erwärmen, die Hefe darin auflösen und mit der Butter zum Mehl geben. Alles mit den Knethaken des Handrührgeräts 5 Minuten zu einem glatten, elastischen Teig verkneten. Den Teig zugedeckt an einem warmen Ort 1 Stunde gehen lassen.

3. Inzwischen das eingeweichte Trockenobst zusammen mit der Einweichflüssigkeit und dem Rübenkraut fein pürieren, bei Bedarf etwas Wasser hinzufügen. Die Tartletteförmchen mit Butter fetten.

4. Den Teig nochmals durchkneten, in 6 gleich große Stücke teilen und zu Kugeln formen. Jede Kugel auf der bemehlten Arbeitsfläche dünn ausrollen und in ein Förmchen legen. Weitere 20 Minuten gehen lassen.

5. Inzwischen den Backofen auf 200 °C vorheizen. Das Trockenfrüchtemus gleichmäßig auf die Teigschalen verteilen und glatt streichen. Die Törtchen im Ofen auf der mittleren Schiene etwa 20 Minuten backen, bis der Rand leicht gebräunt ist.

6. Inzwischen für die Deko den Zucker in einem Topf hellbraun karamellisieren und mit dem Birnenbrand und 50 ml Wasser ablöschen. Rühren, bis sich der Zucker wieder gelöst hat. Die Birne schälen, halbieren und das Kerngehäuse entfernen. Die Hälften jeweils in 3 Spalten schneiden. Birnenspalten, Sternanis und Zitronensaft zum Karamell hinzufügen und bei geschlossenem Deckel 3 Minuten köcheln lassen. Vom Herd nehmen und abkühlen lassen.

7. Die lauwarmen Törtchen vorsichtig aus den Förmchen lösen und mit den Birnenspalten garniert servieren.

TIPP: Möchte man die Törtchen noch kleiner haben, kann man zum Backen auch ein gebuttertes Muffinblech verwenden.

Getrocknete Birnen sind heutzutage nur noch selten zu bekommen. Eine gute Alternative sind getrocknete Äpfel – dann aber noch etwas Birnenkraut hinzufügen.

Fein dazu schmeckt Vanillesahne. Dafür 200 g Sahne mit 1 Päckchen Vanillezucker steif schlagen.

aus Aachen

Für die Füllung:
1 TL Anissamen
200 g getrocknete Birnen (siehe Tipp links)
200 g getrocknete Pflaumen
50 ml Birnensaft
1 EL Rübenkraut (Zuckerrübensirup)

Für den Hefeteig:
200 g Weizenmehl (Type 550)
60 g Roggenmehl (Type 997)
60 g brauner Zucker
Salz
130 ml Milch
¼ Würfel Hefe
40 g weiche Butter

Für die Deko:
3 TL Zucker
2 cl Birnenbrand
1 Birne
1 Stück Sternanis
1 TL Zitronensaft

Außerdem:
6 Tarteletteförmchen (à 10 cm Durchmesser)
weiche Butter für die Förmchen
Mehl für die Arbeitsfläche

FÜR 6 STÜCK

ARBEITSZEIT: 15 MIN.

EINWEICHZEIT: 12 STD.

RUHEZEIT: 1 STD. 20 MIN.

BACKZEIT: 20 MIN.

PRUMMETAAT – RHEINISCHE PIZZA

PFLAUMENKUCHEN DER BESONDEREN ART

Außerhalb Kölns kommen nur wenige darauf, dass es sich bei der Prummetaat schlicht um Pflaumenkuchen handelt. Wir servieren sie als „rheinische Pizza“ – mit Erdbeersauce, frischen Pflaumen und obenauf einem hellen, zuckersüßen Finish.

Für den Hefeteig:
¼ Würfel Hefe • 30 g Zucker
1 TL Vanillezucker • Salz
125 ml lauwarme Milch
250 g Mehl (Type 550)
1 EL weiche Butter
1 Eigelb

Für den Belag:
300 g Erdbeeren • 3 EL Rübenkraut (Zuckerrübensirup)
600 g Pflaumen • 2 EL Honig
1 Schuss Sojasauce
50 g weiße Kuvertüre

Für die Frischkäsecreme:
100 g Puderzucker
125 g Frischkäse
¼ TL Zimtpulver
1 EL Orangenlikör • 125 g Sahne

Außerdem:
Mehl für die Arbeitsfläche
1 Tarteform (24 cm Durchmesser)

1. Für den Teig die Hefe zerbröckeln und mit beiden Zuckersorten, 1 Prise Salz und der Milch verrühren. Mehl, Butter und Eigelb hinzufügen und mit den Händen zu einem glatten Teig verkneten. Den Teig zugedeckt an einem warmen Ort 1 Stunde gehen lassen.

2. Inzwischen für den Belag die Erdbeeren waschen, putzen und halbieren. Zusammen mit dem Rübenkraut pürieren und beiseitestellen. Die Pflaumen waschen, halbieren und entsteinen. Die Pflaumen in etwa 3 mm dicke Scheiben schneiden und mit Honig und Sojasauce vermischen. Die Kuvertüre fein hacken.

3. Für die Frischkäsecreme Puderzucker, Frischkäse, Zimt und Orangenlikör zu einer geschmeidigen Masse verrühren. Die Sahne steif schlagen und unterheben. Bis zum Gebrauch im Kühlschrank aufbewahren.

4. Den Backofen auf 180 °C vorheizen. Hefeteig kurz durchkneten, rund ausrollen, in eine Tarteform legen und nochmals 10 Minuten aufgehen lassen.

5. Den Teig mit Erdbeersauce bestreichen und mit den Pflaumenscheiben belegen. Die „Pflaumen-Pizza“ im Ofen auf der mittleren Schiene etwa 30 Minuten backen.

6. Die Prummetaat aus dem Ofen nehmen, kurz abkühlen lassen und mit der Kuvertüre bestreuen. In Stücke schneiden und noch lauwarm mit der Frischkäsecreme und ggf. restlicher Erdbeersauce servieren.

aus Köln

Besonders hübsch sieht es aus, wenn man die Pflaumen im Kreis legt – von außen nach innen.

FÜR 4 PERSONEN

ARBEITSZEIT: 50 MIN.

RUHEZEIT: 1 STD. 10 MIN.

BACKZEIT: 30 MIN.

KLATSCHKIESTAAT – RHEINISCHER KÄSEKUCHEN

EIN KLASSIKER AUF DEM KUCHENBÜFETT

Eine fein abgeschmeckte Quarkmasse auf leckerem Mürbeteig. Schon pur ein Genuss, aber getreu unserem Motto „Eure Figur ist uns völlig egal" erhält unsere Klatschkiestaat ein köstliches Topping aus Rübenkrautkaramell und gerösteten Nüssen.

1. Für den Mürbeteig Mehl und Backpulver mischen. Butter und Zucker schaumig rühren. Zuerst das Eigelb, dann die Mehlmischung unterrühren. Zu einer Kugel formen, auf Frischhaltefolie flach drücken, einwickeln und 1 Stunde kühl stellen.

2. Den Backofen auf 180 °C vorheizen. Den Boden der Springform mit Backpapier auslegen. Den Rand einfetten und mit Mehl bestäuben.

3. Teig auf der leicht bemehlten Arbeitsfläche etwa 4 mm dick ausrollen. Mit dem Springformrand den Boden ausstechen und in die Form legen. Mit einer Gabel gleichmäßig einstechen. Aus dem restlichen Teig einen 5 cm breiten Streifen für den Rand schneiden. Den Teigstreifen aufrollen, in der Form wieder abrollen und besonders an den Nahtstellen gut andrücken.

4. Für die Käsekuchenmasse die Butter zerlassen. Mit Quark, Zucker, Zitronenschale, Vanille, Zimt, Ei, Eigelb und Speisestärke zu einer glatten Masse verrühren und in die vorbereitete Form gießen. Im Ofen auf der mittleren Schiene 45 bis 50 Minuten backen. Sollte die Klatschkiestaat zu schnell bräunen, mit Backpapier abdecken.

5. Inzwischen für das Topping die Haselnüsse in einer Pfanne ohne Fett rösten, bis die Haut sich leicht lösen lässt. Auf ein sauberes Geschirrtuch schütten und die Haut mithilfe des Tuchs abreiben. Die Nüsse grob hacken und beiseitestellen.

6. Rübenkraut, Sahne und Vanilleextrakt in einem Topf aufkochen und bei mittlerer Hitze 15 bis 20 Minuten dicklich einkochen lassen, dabei regelmäßig umrühren. Rübenkrautkaramell abkühlen lassen.

7. Die Klatschkiestaat aus dem Ofen nehmen und auf einem Kuchengitter in der Form vollständig auskühlen lassen.

8. Aus der Form lösen, Backpapier entfernen. Die Klatschkiestaat in Stücke schneiden.

9. Zum Servieren ein Kuchenstück auf einen Teller setzen, etwas Rübenkrautkaramell darübergießen und mit gehackten Haselnüssen bestreuen.

TIPP: Die Klatschkiestaat darf beim Anfassen und Bewegen noch „wabbeln", sie wird beim Abkühlen fest!

Klatschkies – Klatschkäse – nennt man im Rheinland und Bergischen den Quark.

aus dem Rheinland

Für den Mürbeteig:
150 g Mehl (Type 405)
1 TL Backpulver
75 g weiche Butter
75 g Zucker
1 Eigelb

Für die Käsekuchenmasse:
125 g Butter
250 g Magerquark
100 g Zucker
abgeriebene Schale von
½ Bio-Zitrone
1 TL Vanilleextrakt
1 Prise Zimtpulver
1 Ei
1 Eigelb
20 g Speisestärke

Für das Topping:
50 g Haselnusskerne
4 EL Rübenkraut
(Zuckerrübensirup)
200 g Sahne
1 EL Vanilleextrakt

Außerdem:
1 Springform (18 cm Durchmesser)
weiche Butter für die Form
Mehl für die Arbeitsfläche

FÜR 1 SPRINGFORM

ARBEITSZEIT: 45 MIN.

RUHEZEIT: 1 STD.

BACKZEIT: 50 MIN.

KÖNIGSKUCHEN RHEINISCHE ART

TRADITIONELLES FESTTAGSGEBÄCK

Ob sich die Heiligen Drei Könige mit rheinischem Königskuchen gestärkt haben? Die Rheinländer essen den „Künningskooche" jedenfalls alljährlich am 6. Januar. Das Besondere: Der Sandkuchen wird vor dem Backen in Blätterteig gewickelt.

Für den Kuchen:

30 g gehackte Mandeln
400 g Blätterteig (aus dem Kühlregal)
1 EL Aprikosenkonfitüre
5 Eier
140 g Zucker
Salz
1 TL Vanilleextrakt
abgeriebene Schale von 1 Bio-Zitrone
1 EL Rum
25 g Belegkirschen
15 g Zitronat
70 g kalte Butter
135 g Mehl (Type 550)
70 g Sultaninen

Außerdem:

1 Kastenform (25 cm Länge)
weiche Butter für die Form
Puderzucker zum Bestäuben

1. Für den Kuchen die gehackten Mandeln in einer Pfanne ohne Fett anrösten, bis sie duften. Auf einem Teller abkühlen lassen. Die Kastenform mit der weichen Butter einfetten. Zwei Drittel des Blätterteigs etwas dünner ausrollen und die Form damit auslegen. Den Boden mit Aprikosenkonfitüre bestreichen.

2. Den Backofen auf 175 °C vorheizen. Die Eier trennen und 1 Eigelb sowie die Eiweiße beiseitestellen. Restliche Eigelbe, die Hälfte des Zuckers, ¼ TL Salz, Vanilleextrakt, Zitronenschale und Rum schaumig rühren.

3. Belegkirschen und Zitronat grob hacken. Die Butter in erbsengroße Stückchen hacken und mit Mehl, Sultaninen, Mandeln, Zitronat und Belegkirschen vermischen.

4. Die Eiweiße mit 1 Prise Salz steif schlagen und dabei den restlichen Zucker einrieseln lassen, bis eine steife, glänzende Masse entstanden ist. Abwechselnd Eischnee und Mehlmischung mit einem Teigspatel unter die Eigelbmasse heben. Die Masse in die vorbereitete Backform füllen. Restlichen Blätterteig in Streifen schneiden und als Gitter auf den Rührteig legen.

5. das restliche Eigelb mit 1 Prise Salz und 1 EL Wasser verquirlen und das Teiggitter damit bestreichen. Den Königskuchen im Ofen auf der mittleren Schiene etwa 1 Stunde goldbraun backen. Bei Bedarf mit Backpapier abdecken. Herausnehmen, kurz abkühlen lassen, den Kuchen vorsichtig aus der Form lösen und auf einem Kuchengitter abkühlen lassen. Vor dem Servieren mit Puderzucker bestäuben.

aus dem Rheinland

Nach offiziellen Angaben müssen Königskuchen zu mindestens einem Fünftel aus „Kuchenfrüchten" bestehen.

FÜR 1 KASTENFORM

ARBEITSZEIT: 30 MIN.

BACKZEIT: 1 STD.

Jott wedee inne Wallachei

TRADITIONELLE VERWÖHNREZEPTE

* SÜßES GEBÄCK *

STREUSELBRÖTCHEN MIT ZWETSCHGEN

STREUSEL SATT!

Bei diesen süßen Hefebrötchen kommen Streuselfans voll auf ihre Kosten, die leckeren Krümel lassen sich in einer beliebig dicken Schicht obenauf verteilen. Dem Aachener schmeckt das Traditionsgebäck zum Frühstück oder Nachmittagskaffee.

Für den Hefeteig:
1 Würfel Hefe
300 ml lauwarme Milch
60 g Zucker
800 g Mehl (Type 550)
2 Eier
60 g Butter
Salz

Für die Streusel:
80 g Marzipanrohmasse
125 g Butter
125 g Mehl (Type 405)
125 g Zucker
¼ TL Zimtpulver

Für das Kompott:
250 g Zwetschgen
1 EL Butter
1 EL Rübenkraut
(Zuckerrübensirup)

Außerdem:
1 Backblech (40 × 30 cm)

1. **Für den Hefeteig** die Hefe in die lauwarme Milch bröckeln. Zucker und 3 gehäufte EL Mehl unterrühren und diesen Vorteig 30 Minuten abgedeckt gehen lassen.

2. **Inzwischen für die Streusel** die Marzipanrohmasse fein raspeln. Die Butter in einem Topf zerlassen. Marzipan, Butter, Mehl, Zucker und Zimt in eine Schüssel füllen und mit der Hand zu Streuseln verkneten. Beiseitestellen.

3. **Für das Kompott** Zwetschgen waschen, entsteinen und in kleine Stücke schneiden. Die Butter in einem Topf zerlassen. Rübenkraut und Zwetschgen hinzufügen und bei schwacher Hitze etwa 5 Minuten dünsten.

4. Das Zwetschgenkompott vom Herd nehmen und kurz abkühlen lassen. Den Backofen auf 180 °C vorheizen und das Backblech mit Backpapier auslegen.

5. Inzwischen den Vorteig mit dem restlichen Mehl, den Eiern, der Butter und 1 Prise Salz mit den Knethaken des Handrührgeräts zu einem elastischen Teig verkneten. Zwetschgenkompott hinzufügen und unterkneten.

6. Aus dem Teig 12 runde Brötchen formen und mit ausreichendem Abstand auf das vorbereitete Blech legen. Jedes Brötchen mit etwas Wasser bepinseln. Brötchen mit den Streuseln bestreuen und diese leicht andrücken. Mit einem sauberen Geschirrtuch zudecken und weitere 30 Minuten gehen lassen.

7. Die Streuselbrötchen im Ofen auf der mittleren Schiene etwa 25 Minuten backen, bis sie appetitlich gebräunt sind. Die Streuselbrötchen vom Blech nehmen, abkühlen lassen und möglichst frisch servieren.

aus Aachen

Wir peppen das Gebäck mit Zwetschgen auf, es schmeckt aber auch mit Kirschen oder Apfelstückchen.

FÜR 12 STÜCK

ARBEITSZEIT: 20 MIN.

RUHEZEIT: 1 STD.

BACKZEIT: 25 MIN.

BIELEFELDER SCHWARZBROTPUDDING

SO LECKER KANN ALTES BROT SCHMECKEN!

Dies ist ein tolles Rezept aus einer Zeit, in der Lebensmittel knapp waren und nichts weggeworfen wurde. Angeblich servierte man eine deftige Variante des Brotpuddings früher an Festtagen als preiswerten Bratenersatz.

1. Für den Schwarzbrotpudding beide Brotsorten in feine Würfel schneiden, mit der Sahne übergießen und 1 Stunde einweichen lassen.

2. Den Backofen auf 180 °C Umluft vorheizen und die Kastenform mit etwas Butter einfetten.

3. Die Schokolade grob raspeln. Eier trennen. Eigelbe mit Zucker, Vanillezucker und Zimt in einer Rührschüssel mischen und mit dem Schneebesen cremig schlagen. Eiweiße mit 1 Prise Salz in einer zweiten Schüssel steif schlagen und vorsichtig unter die Eigelbmasse heben. Schokoladenraspel unter das eingeweichte Brot rühren und die Eimasse vorsichtig unterheben.

4. Die Puddingmasse in die Form füllen und diese mit gebuttertem Backpapier abdecken. Die Kastenform in den Bräter stellen und so viel kochendes Wasser angießen, bis die Kastenform zu zwei Dritteln im Wasser steht. Den Brotpudding im Ofen auf der mittleren Schiene etwa 45 Minuten backen. Den Garpunkt mit einem Holzspieß testen.

5. Inzwischen für die Schokoladensauce 100 ml Wasser und den Vanillezucker in einem kleinen Topf aufkochen, vom Herd nehmen und etwas abkühlen lassen. Die weiße Schokolade hacken oder grob reiben und in den warmen Sirup rühren, bis eine glatte Sauce entsteht. Die Sahne hinzufügen und die Sauce nach Wunsch warm halten oder abkühlen lassen.

6. Für die gebratenen Äpfel die Äpfel waschen, das Kerngehäuse mit einem Apfelausstecher entfernen und die Äpfel in Scheiben schneiden.

7. Die Butter in einer Pfanne erhitzen und die Apfelscheiben darin auf beiden Seiten anbraten. Mit dem Zucker bestreuen und leicht karamellisieren.

8. Den Schwarzbrotpudding auf ein Brett stürzen und in dicke Scheiben schneiden. Mit Apfelscheiben und Schokoladensauce anrichten und sofort servieren.

TIPP: Alternativ können Sie den Pudding auch in kleinen Formen backen.

aus Westfalen

Für den Schwarzbrotpudding:
250 g westfälisches Schwarzbrot oder Pumpernickel (vom Vortag)
150 g Weißbrot ohne Rinde (vom Vortag)
300 g Sahne
100 g Zartbitterschokolade
4 Eier • 100 g Zucker
1 Päckchen Vanillezucker
1 TL Zimtpulver • Salz

Für die Schokoladensauce:
1 TL Vanillezucker
80 g weiße Schokolade
100 g Sahne

Für die gebratenen Äpfel:
2 kleine Äpfel
1 EL Butter • 1 EL Zucker

Außerdem:
1 Kastenform (25 cm Länge)
weiche Butter für die Form
1 Bräter (für das Wasserbad)

FÜR 4 PERSONEN

ARBEITSZEIT: 15 MIN.

BACKZEIT: 45 MIN.

EINWEICHZEIT: 1 STD.

SÜSSE DÖPPEKOOCHE MIT ROTWEINPFLAUMEN

KARTOFFELKUCHEN MAL GANZ ANDERS

Döppekooche ist ein traditionsreiches Gericht – nicht nur in der Eifel. Eine Kartoffelmasse mit Speck und Zwiebeln, die in einem gusseisernen Topf, „Döppe" genannt, im Ofen gebacken wird. Wir servieren eine süße Variante in Miniformat.

Für die Döppekooche:
400 g Kartoffeln
1 Vanilleschote
2 gehäufte TL Bio-Orangenschale
60 g Zucker
Salz
2 Eigelb

Für die Rotweinpflaumen:
2 Bio-Orangen
500 g Pflaumen oder Zwetschgen
100 g Zucker
100 ml Rotwein
Glühweingewürz

Außerdem:
4 Förmchen (à 8 cm Durchmesser)
weiche Butter für die Förmchen

1. Den Backofen auf 220 °C vorheizen. Die Förmchen einfetten.

2. Für die Döppekooche die Kartoffeln schälen, waschen und fein reiben. Die Flüssigkeit gut auspressen und die Kartoffelraspel in eine Schüssel füllen.

3. Die Vanilleschote längs aufschneiden und das Mark herauskratzen. Vanillemark und Orangenschale unter die Raspel rühren und die ausgekratzte Schote beiseitelegen.

4. Zucker, 1 Prise Salz und Eigelbe unter die Kartoffelmasse rühren. Die Masse in die Förmchen füllen und im Ofen auf der mittleren Schiene etwa 30 Minuten backen, bis die Oberfläche appetitlich gebräunt ist.

5. Inzwischen für die Rotweinpflaumen 1 Orange heiß waschen und trocken reiben. Mit dem Sparschäler oder einem scharfen Messer von 1 Orange 6 Streifen abschälen. Beide Orangen auspressen, 100 ml Saft abmessen. Die Pflaumen waschen, halbieren und entsteinen.

6. Den Zucker gleichmäßig in einen nicht zu großen Topf streuen und bei mittlerer Hitze karamellisieren, dabei den Topf ab und zu rütteln. Rotwein, Orangensaft, ausgekratzte Vanilleschote, Orangenschalenstreifen und 2 Prisen Glühweingewürz hinzufügen und aufkochen.

7. Die Pflaumen zum Rotweinsud hinzufügen, den Deckel auflegen und bei schwacher Hitze etwa 10 Minuten köcheln lassen. Ab und zu umrühren – die Pflaumen sollen weich sein, aber noch ihre Form behalten.

8. Falls nötig, nochmals mit Zucker und Glühweingewürz abschmecken. Die Döppekuchen aus den Förmchen lösen und auf Tellern anrichten. Mit den Rotweinpflaumen umgießen und servieren.

aus der Eifel

Wer keine kleinen Förmchen hat, kann diesen süßen Döppekooche in einer großen Form backen und zum Servieren in Stücke schneiden.

FÜR 4 PERSONEN

ARBEITSZEIT: 25 MIN.

BACKZEIT: 30 MIN.

ÖCHER POSCHWECK

AACHENER OSTERSPEZIALITÄT

Auf den Osterwecken freut sich im Raum Aachen jedes Kind. Er wird gern als eine Mischung aus rheinischem Stuten, also einem luftigen Hefebrot, und dem klassischen Stollen mit Rosinen, Zitronat und gehackten Mandeln beschrieben.

Für den Öcher Poschweck:
¼ l Milch
1 Msp. gemahlene Vanille
½ Würfel Hefe
1 EL brauner Zucker
500 g Mehl (Type 550)
2 Eier
60 g Zucker
130 g weiche Butter
Salz
150 g Mandelblättchen
130 g Rosinen
100 g kleiner Würfelzucker
1 Eigelb

Außerdem:
1 Backblech (40 × 30 cm)
Mehl für die Arbeitsfläche

1. Für den Öcher Poschweck die Milch mit der Vanille aufkochen und anschließend abkühlen lassen, bis sie nur noch lauwarm ist. Hefe und braunen Zucker darin auflösen und etwa 15 Minuten stehen lassen, bis die Hefe Blasen wirft.

2. Mehl, Eier, Zucker, Butter und ½ TL Salz in einer Schüssel mischen, die Hefemischung hinzufügen und alles mit den Knethaken des Handrührgeräts oder in der Küchenmaschine 10 Minuten auf höchster Stufe zu einem elastischen Teig verkneten. Den Teig zugedeckt an einem warmen Ort 1 Stunde gehen lassen.

3. Nach der Gehzeit zuerst Mandelblättchen und Rosinen, dann die Zuckerwürfel vorsichtig mit den Händen unterkneten. Das Backblech mit Backpapier auslegen. Den Teig auf der bemehlten Arbeitsfläche zu einem straffen runden Laib formen und auf das Backblech legen.

4. Das Eigelb mit 1 Prise Salz und 2 EL Wasser verquirlen und den Öcher Poschweck damit bestreichen. Den Laib mit einem Messer kreuzförmig einschneiden und nochmals 30 Minuten gehen lassen.

5. Inzwischen den Backofen auf 200 °C vorheizen. Den Öcher Poschweck im Ofen auf der mittleren Schiene etwa 45 Minuten hellbraun backen. Auf einem Kuchengitter abkühlen lassen und möglichst frisch servieren.

aus Aachen

Schmeckt einfach nur mit Butter bestrichen, traditionell wird er aber auch mit Leberwurst zu Wein serviert.

FÜR 1 LAIB [1400 G]

ARBEITSZEIT: 20 MIN.

RUHEZEIT: 1 3/4 STD.

BACKZEIT: 45 MIN.

WINDBEUTEL MIT HERRENCREMEFÜLLUNG

MÜNSTERANER DREAMTEAM

Vanille, Rum und Zartbitterschokolade – ein unschlagbares Trio! Kein Wunder, dass die Herrencreme im Münsterland bei vielen Familien am ersten Weihnachtsfeiertag auf den Tisch kommt. Wir füllen sie in luftige Windbeutel – zum Niederknien!

1. Für die Herrencremefüllung am besten am Vortag Speisestärke und Zucker mischen und mit 3 EL Milch glatt rühren. Die restliche Milch in einem mittelgroßen Topf zum Kochen bringen. Topf vom Herd ziehen, Stärkemischung unter ständigem Rühren mit einem Schneebesen hinzufügen und wieder auf den Herd stellen. Die Milchmischung unter ständigem Rühren aufkochen und 1 Minute sprudelnd kochen lassen, bis sie eindickt.

2. In eine Schüssel gießen, ein Stück Frischhaltefolie direkt auf den heißen Pudding legen und komplett abkühlen lassen. Die Zartbitterschokolade fein hacken. Die Sahne mit dem Vanillezucker steif schlagen. Rum und Schokolade unter den abgekühlten Pudding rühren und die Schlagsahne locker unterziehen.

3. Herrencreme mehrere Stunden abgedeckt kühl stellen.

4. Für die Windbeutel Milch, Butter und 1 Prise Salz in einem Topf aufkochen. Vom Herd ziehen, das Mehl auf einmal hineinschütten und mit einem Kochlöffel gut unterrühren.

5. Den Topf zurück auf den Herd stellen und den Kloß unter ständigem Rühren etwa 1 Minute lang „abbrennen", bis sich am Topfboden eine milchige Schicht bildet. Den Teig in eine Rührschüssel umfüllen und lauwarm abkühlen lassen.

6. Den Backofen auf 200 °C vorheizen und das Backblech mit Backpapier auslegen. Die Eier nacheinander mit den Quirlen des Handrührgeräts unter den Brandteig rühren. Teig in einen Spritzbeutel füllen und 8 „Tuffs" auf das Backblech spritzen.

7. Die Windbeutel im Ofen auf der mittleren Schiene etwa 25 Minuten goldbraun backen. Herausnehmen, auf einem Kuchenrost lauwarm abkühlen lassen und quer aufschneiden. Vollständig auskühlen lassen.

8. Die Herrencreme durchrühren, in den gesäuberten Spritzbeutel füllen und auf die unteren Windbeutelhälften spritzen. Die Deckel aufsetzen und die Windbeutel mit Puderzucker bestäubt servieren.

aus dem Münsterland

Für die Herrencremefüllung:
40 g Speisestärke
50 g Zucker
½ l Milch
100 g Zartbitterschokolade
100 g Sahne
1 TL Vanillezucker
5 EL Rum

Für die Windbeutel:
125 ml Milch
25 g Butter
Salz
100 g Mehl (Type 405)
3 Eier

Außerdem:
1 Backblech (40 × 30 cm)
Puderzucker zum Bestäuben

FÜR 8 STÜCK

ARBEITSZEIT: 30 MIN.

KÜHLZEIT: 5 STD.

BACKZEIT: 25 MIN.

MONSCHAUER DÜTCHEN

KNUSPRIGE HÖRNCHEN MIT ZWEIERLEI FÜLLUNG

Die Dütchen aus Biskuit- beziehungweise Hippenteig wurden 1853 im Café Rur in Monschau in der Eifel erfunden. Noch heute bekommt man sie in vielen Konditoreien. Traditionell werden sie mit Eis oder Sahne gefüllt und mit frischen Früchten serviert.

Für die Dütchen:
100 g Butter
100 g Puderzucker
2 Eier (Größe M)
½ TL Vanillemark
100 g Mehl (Type 405)

Für Beerenfüllung:
100 g gemischte Beeren
1 EL Zitronensaft
1 EL Zucker
1 EL saure Sahne

Für die Schokoladenfüllung:
30 g Zartbitterschokolade
200 g Sahne
1 EL Zucker

Außerdem:
2 Backbleche (40 × 30 cm)
1 Waffelhorn (Alternative siehe Tipp rechts)

1. Den Backofen auf 180 °C vorheizen. Auf die Rückseite von 2 Bögen Backpapier 8 Kreise von 12 cm Durchmesser aufzeichnen. Mit der bemalten Seite nach unten auf die Backbleche legen.

2. Für die Dütchen die Butter zerlassen und handwarm abkühlen lassen. Puderzucker sieben und mit einem Schneebesen mit den Eiern und dem Vanillemark verrühren. Mehl über die Masse sieben und unterrühren, ohne dass Klümpchen entstehen. Flüssige Butter unterziehen.

3. Teig mit einer Palette gleichmäßig dünn in die vorgezeichneten Kreise streichen und nach-einander im Ofen auf der mittleren Schiene 4 bis 6 Minuten backen, bis die Ränder goldbraun werden.

4. Blech aus dem Ofen nehmen, die heißen Dütchen vom Papier lösen und mit dem Waffelhorn zu kleinen Hörnchen drehen. **Ganz wichtig:** Rasch arbeiten, da die Dütchen sich nicht mehr formen lassen, sobald sie abgekühlt sind!

5. Für die Beerenfüllung die Beeren verlesen, waschen, trocken tupfen und mit Zitronensaft und Zucker mischen, dann fein zerdrücken und mit der sauren Sahne verrühren.

6. Für die Schokoladenfüllung die Schokolade fein hacken. Die Sahne mit den Quirlen des Handrührgeräts steif schlagen, dabei den Zucker einrieseln lassen. Die Hälfte der Sahne mit den Schokoladenstückchen, die andere Hälfte mit den zerdrückten Beeren verrühren.

7. Beide Sahnecremes in jeweils 4 Dütchen füllen. Die gefüllten Dütchen auf Tellern arrangieren.

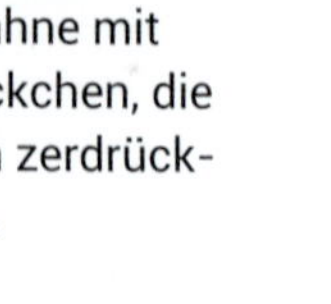

aus der Eifel

Wer kein Waffelhorn besitzt, kann die noch heißen Teigkreise über ein Glas stülpen und so zu Schälchen formen.

FÜR 8 STÜCK

ARBEITSZEIT: 35 MIN.

BACKZEIT: 12 MIN.

BURGER BREZELN

KUNSTVOLL GESCHLUNGENE DAUERBACKWARE

Fettarm, knusprig und leicht süß – so kommt dieses Traditionsgebäck daher. Die Brezel wird seit dem 18. Jahrhundert im Bergischen Land hergestellt. Auch wer nicht regelmäßig hier vorbeikommt, kann sich eine Burger Brezel gönnen – mit unserem Rezept!

Für die Brezeln:
500 g Mehl (Type 550)
3,5 g Backpulver
Salz
60 g Zucker
¼ Würfel Hefe
90 g weiche Butter

Außerdem:
2 Backbleche (à 40 × 30 cm)
Mehl für die Arbeitsfläche

1. Mehl mit Backpulver und 1 Prise Salz in eine Schüssel sieben. Eine Vertiefung ins Mehl drücken, 1 EL Zucker und 50 ml lauwarmes Wasser hinzufügen und die Hefe hineinbröckeln. Alles leicht verrühren. Mit etwas Mehl bestreuen und etwa 15 Minuten stehen lassen, bis die Hefe Blasen wirft.

2. Restlichen Zucker, Butter in Flöckchen und 150 ml lauwarmes Wasser hinzufügen und mit den Knethaken des Handrührgeräts oder mit den Händen gut zu einem geschmeidigen Teig verkneten, der nicht mehr klebt. Die Schüssel zudecken und den Teig an einem warmen Ort 1 Stunde gehen lassen.

3. Den Backofen auf 180 °C vorheizen und die Backbleche mit Backpapier auslegen. Den Teig auf der leicht bemehlten Arbeitsfläche nochmals durchkneten und in 6 Stücke teilen. Die Teigstücke zu Strängen rollen und diese zu Brezeln formen.

4. Die Brezeln auf die vorbereiteten Backbleche legen und nochmals 5 Minuten ruhen lassen. Beide Bleche mit Brezeln nacheinander im Ofen auf der mittleren Schiene 20 bis 25 Minuten backen, bis die Brezeln appetitlich goldbraun sind. Herausnehmen und auf Kuchengittern abkühlen lassen.

TIPP: Da Burger Brezeln recht trockene Gebäckstücke sind, die eher an süßen Zwieback erinnern, werden sie vor dem Verzehr oft in Kaffee „gezoppt“, also eingetaucht.

aus dem Bergischen Land

FÜR 6 STÜCK

ARBEITSZEIT: 15 MIN.

RUHEZEIT: 1 STD. 20 MIN.

BACKZEIT: 50 MIN.

STOLLENKONFEKT MIT MARZIPAN

MUNDGERECHTER „CHRESS-STOLLE"

Statt eines großen Christstollens, dessen Zubereitung zwei Tage in Anspruch nimmt und der erst wirklich gut ist, wenn er nach dem Backen wochenlang durchziehen durfte, backen wir blitzschnelle Stollenhäppchen. Eine tolle Alternative!

Für das Stollenkonfekt:

75 g Rosinen
45 ml Kirschwasser (alternativ Apfelsaft)
100 g Marzipanrohmasse
250 g weiche Butter
75 g Zucker
Salz
2 TL Vanilleextrakt
150 g Speisequark (40 % Fett)
1 EL abgeriebene Bio-Zitronenschale
300 g Mehl (Type 405)
1 TL Zimtpulver
1½ TL Backpulver
100 g gehackte Mandeln
25 g Zitronat
150 g Puderzucker

Außerdem:

3 Backbleche (à 40 × 30 cm)

1. Backofen auf 200 °C vorheizen und die Backbleche mit Backpapier auslegen. Die Rosinen in eine kleine Schale füllen und in dem Kirschwasser etwa 30 Minuten einweichen. Das Marzipan grob reiben – das gelingt am besten, wenn man das Marzipan vorher kurz einfriert.

2. 100 g Butter, Zucker, 1 Prise Salz und Vanilleextrakt mit den Quirlen des Handrührgeräts schaumig rühren. Quark und Zitronenschale unterrühren.

3. Mehl, Zimt und Backpulver mischen. Mit Marzipan, Mandeln, Zitronat und den Rosinen mitsamt Einweichflüssigkeit zur Quarkmischung hinzufügen und schnell zu einem weichen Teig verrühren.

4. Mit 2 Teelöffeln oder einem Cookie Scoop mit etwas Abstand etwa walnussgroße Häufchen auf die vorbereiteten Backbleche setzen.

5. Das Stollenkonfekt nacheinander im Ofen auf der mittleren Schiene 12 bis 15 Minuten backen, bis es goldbraun ist.

6. Inzwischen die restliche Butter in einem kleinen Topf zerlassen und den Puderzucker in einen tiefen Teller füllen.

7. Das Stollenkonfekt aus dem Ofen nehmen und noch warm zuerst in Butter und dann in Puderzucker wälzen. Abkühlen lassen und in gut schließenden Blechdosen aufbewahren.

TIPP: Wer kein Zitronat mag, ersetzt es einfach durch die gleiche Menge Rosinen.

aus dem Rheinland

FÜR CA. 60 STÜCK

ARBEITSZEIT: 45 MIN.

EINWEICHZEIT: 30 MIN.

BACKZEIT: 45 MIN.

AACHENER PRINTEN

PROMINENZ AUS NRW

Sie sind wirklich legendär – die wunderschönen, leckeren Printen, die seit dem frühen 19. Jahrhundert in Aachen gebacken werden. Für sie gilt EU-weit eine geschützte geografische Angabe (g.g.A.). Fertig gekauft – lecker, selbst gemacht – superlecker!

1. Für die Printen Rübenkraut, Farinzucker und Butterschmalz in einem Topf unter Rühren erhitzen, bis sich der Zucker aufgelöst hat. Printengewürz und Vanilleextrakt unterrühren. Pottasche in 5 EL Wasser auflösen und unter die Zuckermischung rühren.

2. Das Orangeat sehr fein hacken. Mehl, Orangeat, Natron, Hirschhornsalz und ¼ TL Salz in einer Schüssel mischen. Zuckermischung hinzufügen und 5 Minuten mit den Knethaken des Handrührgeräts verkneten. Grümmelkandis unterkneten. Lebkuchenteig zu einer Kugel formen, in Frischhaltefolie wickeln und 4 Stunden kühl stellen.

3. Den Backofen auf 180 °C vorheizen. Die Backbleche mit Backpapier auslegen. Teig auf der bemehlten Arbeitsfläche 5 mm dick ausrollen. In Rechtecke von 3 × 10 cm Länge schneiden und mit etwas Abstand auf die Backbleche legen.

4. Die Printen mit der Milch bepinseln und die Hälfte mit Mandeln verzieren. Im Ofen auf der mittleren Schiene nacheinander je 10 bis 12 Minuten backen und vollständig abkühlen lassen.

5. Für die Schokoladenglasur beide Kuvertüresorten grob hacken und jeweils mit 10 g Kokosöl über dem Wasserbad schmelzen lassen. Dabei ab und zu umrühren. Backpapier auslegen. Die Printen ohne Mandeln mithilfe einer Gabel in die Zartbitterschokolade tauchen und auf das Backpapier legen.

6. Die geschmolzene weiße Kuvertüre in ein Pergamentpapiertütchen füllen und auf den noch feuchten Schokoladenguss spritzen. Für ein Muster ein Holzspießchen durch den Guss ziehen.

7. Für die Orangenglasur Puderzucker mit Orangensaft und 3 EL Wasser glatt rühren und mit einem Pinsel auf die mit Mandeln verzierten Printen streichen.

8. Die Printen vor dem Verpacken mehrere Stunden trocknen lassen, damit sie nicht zusammenkleben.

TIPP: Lässt man sie vor dem Verzehr in Blechdosen verpackt etwa 1 Woche ruhen, werden die Printen weicher.

Für die Printen:
500 g Rübenkraut (Zuckerrübensirup)
100 g Farinzucker
20 g Butterschmalz
7 TL Printengewürz
2 TL Vanilleextrakt
5 g Pottasche
50 g Orangeat
600 g Mehl (Type 550)
½ TL Natron
5 g Hirschhornsalz

150 g Grümmelkandis
3 EL Milch
blanchierte Mandelhälften

Für die Schokoladenglasur:
150 g Zartbitterkuvertüre
100 g weiße Kuvertüre
20 g Kokosöl

Für die Orangenglasur:
150 g Puderzucker
2 EL frisch gepresster Orangensaft

Außerdem:
3 Backbleche (à 40 × 30 cm)
Mehl für die Arbeitsfläche

FÜR CA. 50 STÜCK

ARBEITSZEIT: 1¾ STD.

KÜHLZEIT: 4 STD.

BACKZEIT: 36 MIN.

SPEKULATIUS UND SPEKULATIUSBUTTER

AUS EINS MACH ZWEI

NRW hat eine lange Spekulatiustradition. Wir machen daraus auch einen köstlichen Brotaufstrich, als Hommage an eine als „Lippische Weihnacht" bekannte Spezialität: gebutterter Pumpernickel mit Gewürzspekulatius belegt.

Für die Spekulatius:
225 g Mehl (Type 405)
¼ TL Backpulver
2 TL Spekulatiusgewürz
Salz
125 g weiche Butter
160 g brauner Zucker
25 ml Milch

Für die Spekulatiusbutter:
100 g Spekulatius
¼ TL Spekulatiusgewürz
50 g Karamellsirup
85 g ungehärtetes Pflanzenfett

Zum Servieren:
Schwarzbrot
Butter

Außerdem:
Mehl für die Arbeitsfläche
1 Backblech (40 × 30 cm)
1 Schraubglas

1. Für die Spekulatius Mehl, Backpulver, Spekulatiusgewürz und ¼ TL Salz mischen. In einer Rührschüssel Butter und Zucker mit den Quirlen des Handrührgeräts schaumig rühren. Die Mehlmischung hinzufügen und kurz unterrühren, dann die Milch unterrühren.

2. Den Teig auf der bemehlten Arbeitsfläche kurz verkneten, bis er zusammenhält. Zu einer Kugel formen, flach drücken, in Frischhaltefolie wickeln und 1 Stunde kühl stellen.

3. Backofen auf 180 °C vorheizen und das Backblech mit Backpapier auslegen. Den Spekulatiusteig auf der leicht bemehlten Arbeitsfläche etwa 4 mm dick ausrollen und in Rechtecke schneiden. Im Ofen 12 Minuten backen, bis die Kekse goldbraun sind. Das Blech aus dem Ofen nehmen und die Kekse 10 Minuten ruhen lassen, dann auf einem Kuchengitter komplett abkühlen lassen.

4. Für die Spekulatiusbutter die Spekulatius fein zerkrümeln – das funktioniert sehr gut, wenn man sie in einen Gefrierbeutel gibt und mit dem Nudelholz oder Fleischklopfer bearbeitet.

5. Krümel, 100 ml Wasser, Spekulatiusgewürz und Karamellsirup in einem kleinen Topf unter Rühren bei mittlerer Hitze aufkochen, bis die Krümel zerfallen sind. Vom Herd nehmen und in einen Rührbecher umfüllen. Etwa 10 Minuten abkühlen lassen, bis die Masse nicht mehr dampft.

6. Pflanzenfett hinzufügen und mit dem Stabmixer zu einer glatten Creme verarbeiten, in der keine Fettstückchen mehr zu sehen sind. Spekulatiusbutter in das Glas füllen und im Kühlschrank mindestens 1 Stunde durchkühlen lassen, bis sie fest ist.

7. Zum Servieren Brot mit Butter und einer großzügigen Schicht Spekulatiusbutter bestreichen. Mit Spekulatius belegt servieren.

aus Ostwestfalen-Lippe

Falls die Spekulatiusbutter zu fest zum Verstreichen ist, einfach vor dem Verzehr auf Zimmertemperatur erwärmen lassen.

FÜR CA. 30 STÜCK

ARBEITSZEIT: 25 MIN.

KÜHLZEIT: 2 STD.

BACKZEIT: 12 MIN.

LEBKUCHEN-BAUMSCHMUCK

ALS BAUMSCHMUCK ODER KNUSPERSPAẞ

Borgholzhausen im Teutoburger Wald ist eine Hochburg der Lebkuchentradition in NRW. Ein Familienbetrieb stellt hier seit 1830 leckere Backwaren her, die schon im 19. Jahrhundert bis nach Münster verkauft wurden. Hier unser Heimathäppchenrezept.

1. Für das Lebkuchengewürz alle Zutaten mischen und beiseitestellen.

2. Für den Teig Rübenkraut, Sirup, Zucker, Butter und Zitronenschale in einem Topf unter Rühren aufkochen, bis sich der Zucker aufgelöst hat. Vom Herd nehmen und erst das Lebkuchengewürz, dann das Natron unterrühren. Vorsicht, es schäumt! Buttermischung in eine Rührschüssel umfüllen und 10 Minuten abkühlen lassen.

3. Mehl und 1 TL Salz in eine Schüssel sieben und mit einem Kochlöffel unter die lauwarme Buttermischung rühren. Das Ei unterrühren. Teig auf der bemehlten Arbeitsfläche kurz durchkneten, zu einer Kugel formen, in Frischhaltefolie wickeln und im Kühlschrank 1 Stunde ruhen lassen.

4. Den Backofen auf 180 °C vorheizen und die Backbleche mit Backpapier auslegen. Den Lebkuchenteig auf der bemehlten Arbeitsfläche 5 mm dick ausrollen und beliebige Figuren ausstechen. Mithilfe einer Winkelpalette mit etwas Abstand auf die Bleche verteilen und mit einer Spritztülle kleine Löcher zum Aufhängen ausstechen.

5. Für **Fensterglaslebkuchen** die Bonbons in einem Gefrierbeutel mit dem Nudelholz fein zertrümmern. Aus der Mitte der Lebkuchenfiguren kleine Kreise ausstechen und eine gleichmäßig dünne Schicht Bonbonkrümel in dem entstandenen Loch verteilen. Die ausgestochenen Figuren im Kühlschrank 10 bis 15 Minuten durchkühlen lassen.

6. Die Lebkuchen nacheinander im Ofen auf der mittleren Schiene etwa 12 Minuten backen.

7. Die Lebkuchen aus dem Ofen nehmen. Die normalen Lebkuchen 5 Minuten auf dem Blech, dann auf einem Kuchengitter vollständig abkühlen lassen. Fensterglaslebkuchen auf dem Blech abkühlen lassen, bis die Bonbonmasse fest geworden ist.

8. Für die Deko den Puderzucker mit etwa 4 EL Wasser zu einem Guss verrühren. Abgekühlte braune Lebkuchen mit Zuckerguss und weiterem Dekor nach Belieben verzieren. Ein Stück Faden durch die Löcher ziehen, verknoten und aufhängen.

TIPP: In kleine Gläschen abgefüllt, eignet sich das selbst gemachte Lebkuchengewürz auch als Mitbringsel. Alternativ können Sie 6 ½ TL fertiges Lebkuchengewürz verwenden.

Für das Lebkuchengewürz:
3 ½ TL gemahlener Ingwer
2 TL Zimtpulver
¼ TL frisch gemahlene Muskatnuss
¼ TL Nelkenpulver
¼ TL gemahlener Piment
¼ TL gemahlener Kardamom

Für den Teig:
80 g Rübenkraut (Zuckerrübensirup)
60 g heller Sirup
200 g brauner Zucker
200 g Butter
abgeriebene Schale von
1 Bio-Zitrone
1 TL Natron
550 g Mehl (Type 550)
Salz • 1 Ei (Größe M)

Für die Deko:
80 g bunte Fruchtbonbons
ca. 250 g Puderzucker
Zuckerperlen, essbarer Glitter, Orangeat, Zitronat und Belegkirschen (nach Belieben)

Außerdem:
Mehl für die Arbeitsfläche
3 Backbleche (à 40 × 30 cm)
(bunter) Faden

FÜR CA. 55 STÜCK

ARBEITSZEIT: 1 STD.

KÜHLZEIT: 1 ¼ STD.

BACKZEIT: 36 MIN.

Mach hinne,
ich schieb Kohldampf

HEIẞGELIEBTE VERFÜHRER

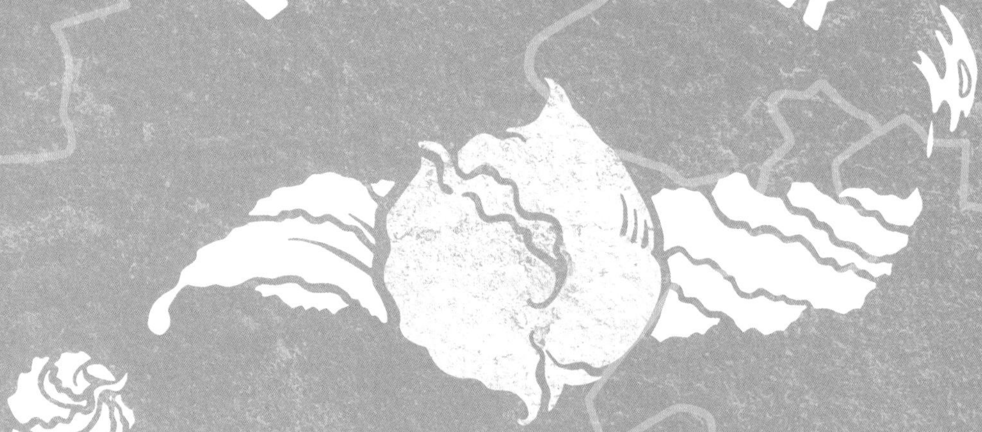

* SÜẞES AUS PFANNE, * FRITTEUSE UND CO.

KREPPCHEN MIT ROTWEINPFLAUMEN

SIMPLES FESTTAGSGEBÄCK

Zu Mariä Lichtmess, am 2. Februar, kommen im Rheinland Kreppchen auf den Tisch. Seien Sie nicht enttäuscht, im Grunde sind es simple Pfannkuchen. Angelehnt an die Crêpes der französischen Besatzer, bekamen sie ihren charmanten Namen.

Für die Kreppchen:
150 g Mehl
2 Eier • Salz
1 Päckchen Vanillezucker
¼ l Milch
Butterschmalz zum Braten
Puderzucker zum Bestäuben

Für die Rotweinpflaumen:
50 g Zucker
300 ml Rotwein
100 ml roter Traubensaft
125 g Trockenpflaumen
Mark von ½ Vanilleschote
abgeriebene Schale von ½ Bio-Zitrone
½ TL Speisestärke

Für die Füllung:
150 g Sahne
60 g saure Sahne
1½ EL Honig
Mark von ½ Vanilleschote

1. Für die Kreppchen Mehl, Eier, 1 Prise Salz, Vanillezucker und Milch mit einem Schneebesen zu einem glatten Teig verrühren. Den Teig 30 Minuten zugedeckt quellen lassen.

2. Für die Rotweinpflaumen den Zucker in einem Topf schmelzen und goldbraun karamellisieren. Mit Rotwein und Traubensaft ablöschen und aufkochen, bis sich der Karamell wieder gelöst hat.

3. Trockenpflaumen, Vanillemark und Zitronenschale zum Rotwein hinzufügen und etwa 10 Minuten köcheln lassen, bis die Pflaumen weich sind und die Flüssigkeit etwas eingekocht ist.

4. Die Speisestärke in 1 EL Wasser auflösen, zu den Rotweinpflaumen hinzufügen und etwa 1 Minute köcheln lassen, bis sie bindet. Die Rotweinpflaumen vom Herd nehmen.

5. Etwas Butterschmalz in einer Pfanne (24 cm Durchmesser) erhitzen und nacheinander 4 dünne Pfannkuchen backen. Dabei nach Bedarf mehr Butterschmalz hinzufügen. Die Pfannkuchen warm halten.

6. Für die Füllung Sahne, saure Sahne, Honig und Vanillemark mit den Quirlen des Handrührgeräts etwa 5 Minuten zu einer luftigen Masse aufschlagen.

7. Die Pfannkuchen mit der Sahnecreme bestreichen und zu Vierteln zusammenlegen oder aufrollen. Auf zwei Teller verteilen und mit Puderzucker bestäuben. Rotweinpflaumen dazu anrichten und sofort servieren.

aus dem Rheinland

Übrige Rotweinpflaumen halten sich im Kühlschrank ein paar Tage. Sie schmecken auch zu Milchreis oder Vanillepudding.

FÜR 2 PERSONEN

ARBEITSZEIT: 35 MIN.

GARZEIT: 10 MIN.

QUELLZEIT: 30 MIN.

KRAPFEN MIT PFLAUMENMUS

LUFTIGE BÄLLCHEN, LECKER GEFÜLLT

Ob zur Karnevalszeit oder einfach nur zum Kaffee – diese Pflaumenkrapfen sind eine feine Köstlichkeit, die man probieren sollte. Die Vorlage für das Rezept entdeckten wir in einem Kochbuch aus dem Windecker Ländchen im Rhein-Sieg-Kreis.

Für die Krapfen:
80 g Butter
Salz
200 g Mehl (Type 405)
5 Eier (Größe M)
1 Msp. Backpulver
350 g Pflaumenmus

Außerdem:
Frittierfett
100 g Zucker
½ TL Zimtpulver
Spritzbeutel mit 5-mm-Lochtülle oder Krapfentülle

1. Das Frittierfett in einem ausreichend großen Topf oder der Fritteuse auf 180 °C erhitzen. Einen großen Teller mit Küchenpapier auslegen.

2. Für die Krapfen ½ l Wasser, Butter und ¼ TL Salz in einem Topf aufkochen. Das Mehl auf einmal hinzufügen und so lange rühren, bis es sich als Kloß vom Topfboden löst und sich auf dem Topfboden eine weißliche Schicht bildet.

3. Den Teig in eine Rührschüssel umfüllen und die Eier mit den Quirlen des Handrührgeräts einzeln unterrühren. Dann das Backpulver unterziehen.

4. Mithilfe von 2 Esslöffeln kleine Teigbällchen abstechen und im Fett goldbraun ausbacken, dabei einmal wenden.

5. Das Pflaumenmus in einen Spritzbeutel mit Tülle füllen. Zucker und Zimt in einem tiefen Teller mischen.

6. Die Krapfen mit dem Schaumlöffel aus dem heißen Fett nehmen und auf Küchenpapier abtropfen lassen. Das Mus in die noch heißen Krapfen füllen. Sofort im Zimtzucker wälzen.

TIPP: Sie haben keinen Spritzbeutel zur Hand? Zum Einfüllen des Pflaumenmuses können Sie auch einen Gefrierbeutel verwenden, von dem Sie eine kleine Ecke abschneiden und hier die Tülle platzieren.

Lauwarm schmecken die Krapfen am besten. Das Frittierfett sollte außerdem ganz frisch sein!

FÜR CA. 20 STÜCK

ARBEITSZEIT: 25 MIN.

GARZEIT: 30 MIN.

ALTWESTFÄLISCHER BROTPFANNKUCHEN

MACHT SATT, MACHT GLÜCKLICH

Brotreste bitte nicht wegwerfen! Für trockene Weißbrotscheiben haben wir ein tolles altwestfälisches Rezept für einen knusprigen Brotpfannkuchen: Das Brot reiben und mit Milch und Eiern anrühren. Uns schmeckt dazu eine Kaffeesauce.

Für die Kaffeesauce:
80 g Sahne
80 ml Espresso
1 Eigelb
70 g Zucker
2 TL Vanilleextrakt

Für die Brotpfannkuchen:
170 g trockene Brötchen (alternativ Semmelbrösel)
1 gestrichener EL Mehl
3 Eier
50 g Zucker
1 Päckchen Vanillezucker
1 gehäufter EL Butter
120 ml Milch

Außerdem:
Butterschmalz zum Braten
steif geschlagene Sahne und Mokkaschokolade zum Garnieren

1. **Für die Kaffeesauce** Sahne und Espresso in einem Topf bis kurz unter dem Siedepunkt erhitzen und warm halten. Eigelb, Zucker und Vanilleextrakt mit den Quirlen des Handrührgeräts schaumig schlagen. Die warme Sahnemischung unter Rühren in dünnem Strahl hinzufügen.

2. Die Eiermischung zurück in den Topf gießen und bei mittlerer Hitze zum Kochen bringen. Unter ständigem Rühren so lange kochen, bis die Masse andickt. Vom Herd nehmen und warm halten.

3. **Für die Brotpfannkuchen** die Brötchen fein reiben. Mit dem Mehl mischen und beiseitestellen. Die Eier trennen. Eigelbe, zwei Drittel des Zuckers und Vanillezucker mit den Quirlen des Handrührgeräts schaumig rühren. Die Butter zerlassen.

4. Die Eiweiße steif schlagen. Den restlichen Zucker einrieseln lassen. Geriebene Brötchen und Mehl unter die Eigelbmasse rühren. Flüssige Butter und Milch hinzufügen und den Eischnee ocker unterheben.

5. Das Butterschmalz in einer Pfanne erhitzen und darin aus dem Teig kleine Pfannkuchen goldbraun ausbacken.

6. Auf Tellern anrichten und mit der Kaffeesauce begießen. Mit einem Klecks Schlagsahne garnieren, etwas Mokkaschokolade darüberreiben und die Pfannkuchen sofort servieren.

aus Westfalen

FÜR 2 PERSONEN

ARBEITSZEIT: 20 MIN.

GARZEIT: 15 MIN.

BOLLEBÄUSCHEN GANZ KLASSISCH

AM BESTEN DIREKT AUS DER „PANN"

Die luftigen Rührteigkrapfen werden vielerorts verehrt und werden mal so, mal so genannt. Ob Bollebäuschen, Ballebäuschen oder Bollebäuskes – uns schmecken sie am besten noch warm direkt aus der speziellen Augen- oder Pförtchenpfanne.

Für die Bollebäuschen:
1 Ei (Größe L)
120 g Zucker
Salz
250 g Mehl (Type 405)
½ Päckchen Backpulver
200 ml Milch
Zimtpulver
50 g Korinthen oder Rosinen (soft)
1 EL Rosenwasser (nach Belieben)

Außerdem:
1 Augen- oder Pförtchenpfanne (siehe Tipp rechts)
125 g Butterschmalz zum Ausbacken
Puderzucker zum Bestäuben

1. Das Ei trennen und das Eiweiß mit den Quirlen des Handrührgeräts steif schlagen, dabei nach und nach etwa 1 EL Zucker einstreuen.

2. Das Eigelb mit dem restlichem Zucker und ½ TL Salz cremig rühren. Mehl, Backpulver, Milch, 50 ml Wasser, 1 Prise Zimt, Korinthen und nach Belieben Rosenwasser unterrühren. Den Eischnee mit einem Schneebesen locker unterziehen.

3. Einen großen Teller mit Küchenpapier auslegen. In die Vertiefungen der Pfanne jeweils ½ EL Butterschmalz füllen und bei mittlerer Hitze auf dem Herd heiß werden lassen. Zwei Esslöffel zuerst in das heiße Fett tauchen, dann damit möglichst runde, walnussgroße Bällchen vom Teig abnehmen und in die Mulden füllen.

4. Die Bollebäuschen goldbraun ausbacken, dabei einmal mithilfe von Holzspießchen wenden. So den gesamten Teig verbrauchen, nach Bedarf noch etwas Butterschmalz in die Mulden geben.

5. Die Bollebäuschen auf Küchenpapier abtropfen lassen, mit Puderzucker bestäuben und noch warm servieren.

aus dem Rheinland

Eine Augen- oder Pförtchenpfanne können Sie online beziehen.

FÜR 2 PERSONEN

ARBEITSZEIT: 10 MIN.

GARZEIT: 30 MIN.

SCHOKOWAFFELN MIT ERDBEERSAHNE

BERGISCHER PLATZHIRSCH IN NEUEM GEWAND

Die „Bergische Kaffeetafel" ist wie Brunch – nur besser! Und ohne Waffeln geht es nicht. Natürlich schmecken schon einfache Waffeln unglaublich lecker, aber wir wollen etwas Abwechslung in die Sache bringen – mit einer Extraportion Schokolade!

Für die Waffeln:
100 g Zartbitterschokolade
250 g Mehl (Type 405)
1 TL Backpulver
Salz
100 g weiche Butter
30 g Zucker
1 Päckchen Vanillezucker
1 EL Honig
3 Eier
150 ml Mineralwasser mit Kohlensäure

Für die Erdbeersahne:
100 g Erdbeeren
100 g Sahne
30 g Vanillezucker

Außerdem:
1 Waffeleisen
etwas Sonnenblumenöl

1. Für die Schokowaffeln das Waffeleisen vorheizen. Die Schokolade fein hacken. Mehl, Backpulver und 1 Prise Salz in eine Schüssel sieben.

2. Butter, beide Zuckersorten und Honig mit den Quirlen des Handrührgeräts schaumig rühren. Die Eier einzeln unterrühren. Mehlmischung und Mineralwasser abwechselnd unterrühren, bis ein glatter Teig entsteht. Gehackte Schokolade unterheben.

3. Das Waffeleisen mit einem Pinsel dünn einfetten. Etwas Teig in das heiße Waffeleisen füllen, den Deckel schließen und den Teig 3 bis 4 Minuten backen, bis er goldbraun ist. Auf diese Weise 8 Waffeln backen. Fertige Waffeln auf ein Kuchengitter legen.

4. Inzwischen für die Erdbeersahne die Erdbeeren waschen, putzen und mit dem Stabmixer glatt pürieren. Sahne und Vanillezucker mit den Quirlen des Handrührgeräts steif schlagen. Drei Viertel des Erdbeerpürees unter die Sahne heben.

5. Die Schokoladenwaffeln mit der Erdbeersahne und dem restlichen Erdbeerpüree anrichten und servieren.

lecker

aus dem Bergischen Land

Erdbeeren kann man problemlos durch andere Beeren oder auch durch Sauerkirschen ersetzen.

FÜR 4 PERSONEN

ARBEITSZEIT: 15 MIN.

GARZEIT: 30 MIN.

SCHNELLE QUARKMUTZEN

KULTIGES SIEDEGEBÄCK

In der fünften Jahreszeit geht im Rheinland nichts ohne „Muuze“! Der Teig ist schnell zusammengerührt und wird ohne Wartezeit verarbeitet. Quark macht die fluffigen Bällchen schön saftig, durch das Backpulver werden sie luftig leicht.

Für die Mutzen:
250 g Magerquark
250 g Mehl (Type 405)
1 TL Backpulver
3 Eier (Größe M)
150 g Zucker
2 Päckchen Vanillezucker
Salz

Außerdem:
1 l Öl zum Frittieren
ca. 150 g Zucker zum Wälzen

1. In einem nicht zu großen Topf das Öl bei mittlerer Hitze auf 180 °C erhitzen.

2. Für die Mutzen Magerquark, Mehl, Backpulver, Eier, Zucker, Vanillezucker und 1 Prise Salz in eine Rührschüssel füllen und mit den Quirlen des Handrührgeräts oder einem Schneebesen zu einem cremigen Teig verrühren.

3. Einen großen Teller mit Küchenpapier auslegen. Den Zucker in einen tiefen Teller füllen.

4. Mit zwei Teelöffeln kleine Bällchen abstechen und im Öl rundum knusprig goldbraun ausbacken. Mit dem Schaumlöffel aus dem heißen Fett nehmen, auf Küchenpapier kurz abtropfen lassen und noch warm in Zucker wälzen.

TIPP: Sobald kleine Bläschen aufsteigen, wenn man einen Kochlöffelstiel ins Öl hält, ist es heiß genug zum Frittieren. Sinken die Mutzen zu Boden und kleben fest, ist das Öl zu kalt. Sind die Mutzen außen schon braun, aber innen noch flüssig, ist das Fett zu heiß. Am besten eine Probemutze backen!

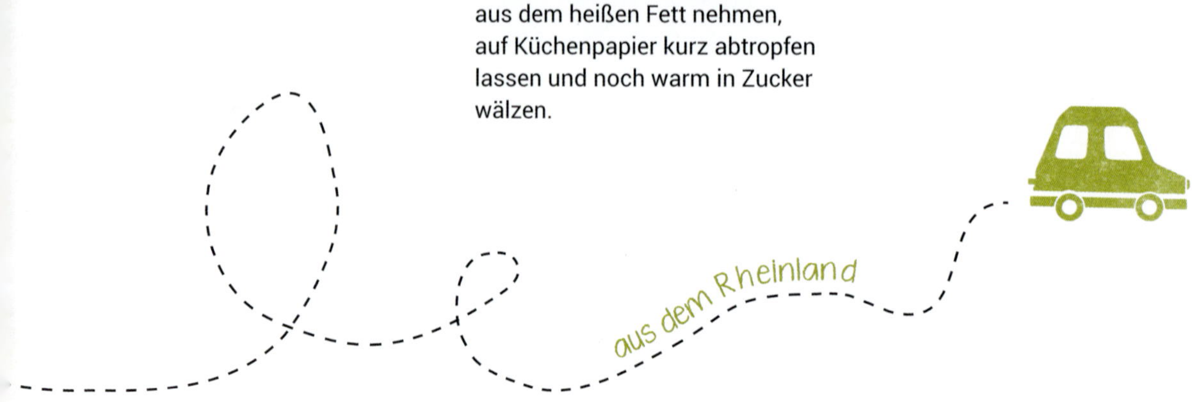

Die Quarkmutzen sind nicht zu verwechseln mit den kompakten Mutzemandeln, die man an Karneval zum Beispiel in Köln isst.

FÜR CA. 25 STÜCK

ARBEITSZEIT: 5 MIN.

GARZEIT: 30 MIN.

SCHIEFE VIERECKE

KARTOFFEL KANN AUCH SÜß

Der Name ist hier fast Programm, wird dieser Köstlichkeit aber nicht gerecht: Schiefe Vierecke sind edle Rauten aus geschmeidigem Kartoffelteig, die frittiert und heiß serviert werden. In Kombi mit Obstkompott wird daraus auch eine süße Hauptmahlzeit.

Für die Schiefen Vierecke:
1 große mehligkochende Kartoffel (ca. 150 g)
30 g weiche Butter
30 g Zucker
1 Eigelb (Größe M)
125 g Mehl (Type 405)
¼ TL Backpulver
Salz
ca. 2 EL Milch

Außerdem:
Butterschmalz zum Frittieren
3 EL Puderzucker
½ TL Zimtpulver
Mehl für die Arbeitsfläche

1. Die Kartoffel in reichlich Wasser gar kochen, noch warm schälen und grob reiben. 125 g abwiegen.

2. Butter und Zucker mit den Quirlen des Handrührgeräts schaumig rühren und das Eigelb unterrühren. Mehl, Backpulver, 1 Prise Salz und Kartoffelraspel dazugeben. Alles zu einem glatten Teig verkneten. So viel Milch hinzufügen wie nötig.

3. In einer tiefen Pfanne reichlich Butterschmalz erhitzen. Puderzucker und Zimt mischen. Einen großen Teller mit Küchenpapier auslegen.

4. Den Kartoffelteig auf der bemehlten Arbeitsfläche etwa 5 mm dick ausrollen und mit einem gewellten Teigrädchen in Rauten von etwa 5 cm Länge schneiden.

5. Im heißen Fett ausbacken, bis die Schiefen Vierecke auf beiden Seiten appetitlich goldbraun sind. Mit dem Schaumlöffel herausheben, auf Küchenpapier abtropfen lassen und noch warm mit dem Zimtzucker bestäuben. Warm oder kalt zu Kaffee oder Tee servieren.

vom Niederrhein

FÜR 2 PERSONEN

ARBEITSZEIT: 35 MIN.

GARZEIT: 15 MIN.

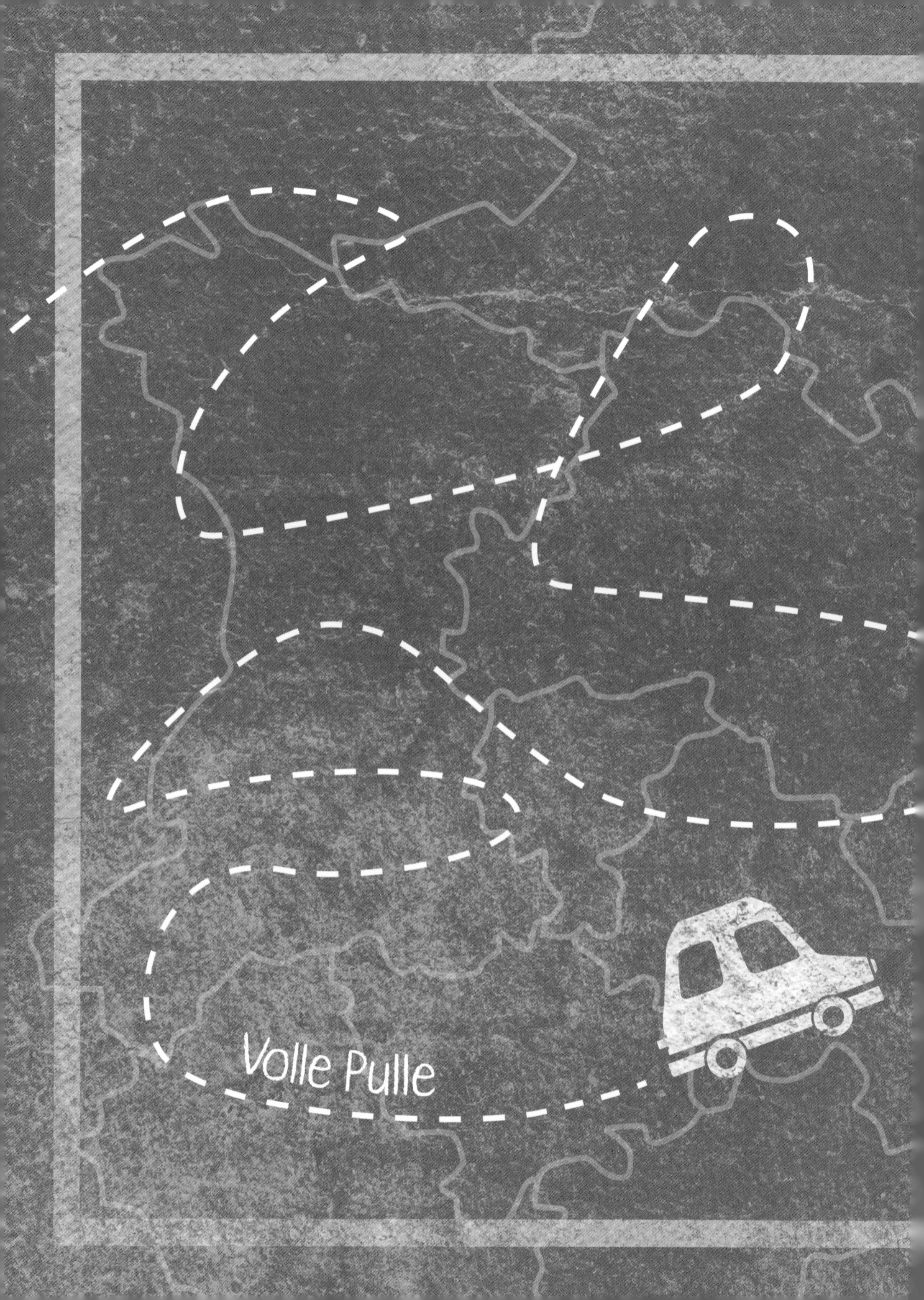
Volle Pulle

EINZIGARTIGE VIELFALT

* BROT *

HERZHAFT UND SÜß

SIEGERLÄNDER SCHANZENBROT

VOLLER GESCHMACKSERFOLG

Brot backen mit der Dorfgemeinschaft – das war früher auch im Siegerland Tradition. Wir backen das kompakte Sauerteigbrot im gusseisernen Topf im heimischen Ofen. Das Roggenmehl sorgt für den kräftig würzigen Geschmack.

Für das Schanzenbrot:
600 g Roggenmehl (Type 1150)
150 g Roggensauerteig
15 g Trockenhefe
Salz

Außerdem:
Mehl für die Arbeitsfläche und für den Gärkorb
1 Gärkorb
1 Topf aus Gusseisen

1. Für das Schanzenbrot Roggenmehl, 350 ml warmes Wasser, Natursauerteig, Hefe und 20 g Salz in eine Schüssel füllen und mit den Knethaken des Handrührgeräts zu einer groben Masse vermischen. Den Teig anschließend auf der bemehlten Arbeitsfläche mit den Händen so lange kneten, bis ein geschmeidiger Teig entstanden ist. Den Teig mindestens 15 Minuten zugedeckt ruhen lassen. Den Gärkorb gut bemehlen.

2. Aus dem Teig einen runden Brotlaib formen, mit der glatten Seite nach oben in den Gärkorb legen und mit einem feuchten Tuch zugedeckt 1½ Stunden an einem warmen Ort ruhen lassen.

3. Einen gusseisernen Topf mit Deckel auf der mittleren Schiene in den Backofen stellen und diesen auf 250 °C vorheizen.

4. Den Brotlaib aus dem Gärkorb in den Topf stürzen, den Deckel auflegen, den Topf zurück in den Backofen stellen und das Brot 10 Minuten backen.

5. Dann die Backofentemperatur auf 180 °C reduzieren und das Schanzenbrot weitere 45 Minuten backen, dabei in den letzten 15 Minuten den Deckel abnehmen. Den Topf aus dem Ofen nehmen. Das Schanzenbrot aus dem Topf heben und auf einem Kuchengitter mindestens 2 Stunden abkühlen lassen.

TIPP: Wer sich gedulden kann, sollte das Schanzenbrot vor dem Kosten noch 1 Tag ruhen lassen, dann schmeckt es nämlich besonders gut.

aus dem Siegerland

Das Brot sollte man auf jeden Fall in einem geschlossenen Topf backen, da sich darin der Dampf hält.

FÜR 1 LAIB [1 KG]

ARBEITSZEIT: 25 MIN.

RUHEZEIT: 1 3/4 STD.

BACKZEIT: 55 MIN.

KÜHLZEIT: 2 STD.

WÄLLER QUARKBROT

BESONDERS SAFTIG

Überall in NRW findet man wunderbare Brote, deren Rezepturen über Generationen hinweg nur leicht verändert wurden. Eines davon ist dieses Weizenmischbrot aus dem Westerwald. Der Quark sorgt für den eigenen Geschmack und die saftige Krume.

Für das Quarkbrot:
½ Würfel frische Hefe
¼ TL Zucker
425 g Weizenmehl (Type 1050)
125 g Roggenmehl (Type 1150)
1 TL Salz
1 TL Brotgewürz
125 g Speisequark (40 % Fett)

Außerdem:
1 Kastenform (25 cm Länge)
weiche Butter für die Form
Mehl für die Arbeitsfläche und zum Bestäuben
1 kleine ofenfeste Form

aus dem Westerwald

1. Für das Quarkbrot die Hefe zerbröckeln und mit dem Zucker in ¼ l lauwarmem Wasser auflösen. Etwa 10 Minuten stehen lassen, bis die Mischung Blasen schlägt.

2. Beide Mehlsorten, ½ TL Salz und Brotgewürz in einer Rührschüssel gründlich mischen. Hefemischung und Quark hinzufügen und mit den Knethaken des Handrührgeräts oder in der Küchenmaschine mindestens 5 Minuten zu einem geschmeidigen Teig verkneten. Zugedeckt an einem warmen Ort 30 Minuten gehen lassen.

3. Die Kastenform einfetten. Den Teig auf der gut bemehlten Arbeitsfläche nochmals durchkneten, bis er nicht mehr an den Händen klebt. Mit dem Nudelholz zu einem Rechteck von etwa 25 cm Breite ausrollen und zu einer straffen Rolle aufrollen.

4. Den Brotteig in die Form legen und zugedeckt an einem warmen Ort nochmals 30 Minuten gehen lassen.

5. Eine kleine ofenfeste Form auf den Boden des Backofens stellen. Den Backofen auf 200 °C vorheizen. Die Oberfläche des Brots dreimal schräg einschneiden und mit einem Sieb mit etwas Mehl bestäuben.

6. Das Brot auf der mittleren Schiene in den Ofen schieben und 1 Tasse heißes Wasser in die vorgeheizte Form gießen. Ofentür schließen, den Backofen auf 190 °C zurückschalten und das Quarkbrot 50 Minuten backen.

7. Das Brot aus dem Ofen nehmen, aus der Form nehmen und auf einem Kuchengitter abkühlen lassen.

Verwenden Sie als Brotgewürz eine Mischung nach Ihrem Geschmack - gängig sind unter anderem gemahlener Kümmel, Anis- und Fenchelsamen sowie Korianderkörner.

FÜR 1 KASTENFORM

ARBEITSZEIT: 15 MIN.

RUHEZEIT: 1 1/4 STD.

BACKZEIT: 50 MIN.

PADERBORNER LANDBROT

BERÜHMTHEIT AUS DEM OFEN

Das helle, lockere Roggenmischbrot ist auch über die Grenzen Paderborns hinweg bekannt und beliebt. Im Handel wird es wenig ansprechend als „Graubrot" verkauft. Versuchen Sie sich daran! Rasch die Kastenform hervorgeholt und los geht's!

Für den Sauerteig:
250 g Roggenmehl (Type 997)
25 g Anstellgut (Roggen; siehe Tipp S. 96)

Für den Hauptteig:
170 g Weizenmehl (Type 1050)
200 g Roggenmehl (Type 997)
1½ g Trockenhefe
Salz

Außerdem:
1 Kastenform (25 cm Länge)
1 kleine ofenfeste Form

aus Ostwestfalen-Lippe

1. Am Vortag für den Sauerteig Roggenmehl, ¼ l Wasser und Anstellgut in eine Schüssel füllen, verrühren und mindestens 12 Stunden bei Zimmertemperatur reifen lassen.

2. Am nächsten Tag für den Hauptteig den Roggensauerteig mit Weizenmehl, Roggenmehl, Hefe, 3 TL Salz und ¼ l Wasser mit den Knethaken des Handrührgeräts oder in der Küchenmaschine bei mittlerer Geschwindigkeit etwa 8 Minuten verkneten. Den Teig zugedeckt 30 Minuten ruhen lassen.

3. Inzwischen die Kastenform mit Backpapier auslegen. Den Teig in die Form füllen und zugedeckt an einem warmen Ort weitere 1¼ Stunden gehen lassen.

4. 20 Minuten vor dem Backen eine ofenfeste Form auf den Boden des Backofens stellen. Den Backofen auf 250 °C vorheizen.

5. Die Oberfläche des Teigs mit Wasser bepinseln und mit einer Stricknadel oder einem Holzspieß etwa 15 mm tiefe Löcher gleichmäßig über die gesamte Oberfläche einstechen. Die Backform auf die mittlere Schiene in den Ofen schieben und 1 Tasse heißes Wasser in die vorgeheizte Form gießen. Das Brot 10 Minuten backen.

6. Die Backtemperatur auf 180 °C reduzieren und das Paderborner Landbrot etwa weitere 50 Minuten backen. Die Form aus dem Ofen nehmen, das Brot aus der Form lösen und das Backpapier abziehen. Das Brot auf einem Kuchengitter abkühlen lassen.

TIPP: Das Paderborner Landbrot schmeckt sowohl mit süßen als auch mit herzhaften Belägen oder als Beilage zu Eintöpfen.

FÜR 1 KASTENFORM

ARBEITSZEIT: 15 MIN.

RUHEZEIT: 14 STD.

BACKZEIT: 1 STD.

MÜNSTERLÄNDER BAUERNSTUTEN

MILDES BROT MIT BUTTERMILCH

Anders als der Name vermuten lässt, ist dieser Bauernstuten kein süßes Feingebäck, sondern ein mildes, lockeres Weizenmehlbrot mit geringem Roggenanteil. Ein Plus für jede Brotzeit!

Für den Bauernstuten:

1 Würfel Hefe
1 TL Zucker
900 g Weizenmehl (Type 550)
100 g Roggenmehl (Type 997)
Salz
¼ l lauwarme Buttermilch
1½ EL Schweineschmalz (alternativ Butterschmalz)

Außerdem:

Mehl für die Arbeitsfläche
1 Kastenform (25 cm Länge)
1 kleine ofenfeste Form

1. Für den Bauernstuten die Hefe zerbröckeln und mit dem Zucker in 400 ml lauwarmes Wasser rühren. Beide Mehlsorten und 1½ EL Salz in eine Rührschüssel füllen und kurz vermischen. Hefemischung, Buttermilch und Schweineschmalz hinzufügen und alles etwa 8 Minuten zu einem glatten Teig verkneten. Zugedeckt an einem warmen Ort 1 Stunde gehen lassen.

2. Den Teig auf der leicht bemehlten Arbeitsfläche noch einmal durchkneten, flach drücken, straff aufrollen und in die Kastenform legen. Nochmals 20 Minuten gehen lassen.

3. Inzwischen die ofenfeste Form auf den Boden des Backofens stellen und den Backofen auf 220 °C vorheizen.

4. Den Bauernstuten längs etwa 1½ cm tief einschneiden. Auf der mittleren Schiene in den Backofen schieben, 1 Tasse heißes Wasser in die ofenfeste Form gießen und die Temperatur auf 200 °C zurückschalten. Den Bauernstuten etwa 1 Stunde backen.

5. Aus dem Ofen nehmen, aus der Form lösen und den Bauernstuten auf einem Kuchengitter abkühlen lassen.

TIPP: Dieses Rezept ergibt ein großes Brot. Es kann problemlos halbiert und in einer Kastenform von 20 cm Länge gebacken werden. Dann reduziert sich die Backzeit auf 45 Minuten.

aus dem Münsterland

FÜR 1 KASTENFORM

ARBEITSZEIT: 20 MIN.

RUHEZEIT: 1 STD. 20 MIN.

BACKZEIT: 1 STD.

BERGISCHES NULLBRUUT

BACKWERK MIT SCHEITEL

Null, so lautet ein altes, bergisches Wort für Scheitel und das Nullbruut sieht wegen des Einschnitts auf der Oberseite tatsächlich so aus, als hätte es eine ordentliche Frisur. Wie auch immer – das Sauerteigbrot überzeugt vor allem mit seinem Geschmack.

Für das Nullbruut:
¼ Würfel Hefe
1 TL Zucker
300 g Weizenmehl (Type 1050)
150 g Roggenmehl (Type 1150)
75 g Sauerteig
1 EL Rübenkraut (Zuckerrübensirup)
Salz

Außerdem:
1 Kastenform (25 cm Länge)
1 kleine ofenfeste Form

aus dem Bergischen Land

1. Für das Nullbruut die Hefe in 75 ml lauwarmes Wasser bröckeln und den Zucker sowie etwa 4 gehäufte EL Weizenmehl unterrühren, bis ein dicker Brei entsteht. Diesen Vorteig zugedeckt an einem warmen Ort 45 Minuten gehen lassen.

2. Vorteig, restliches Weizenmehl, Roggenmehl, Sauerteig, Rübenkraut, 1½ TL Salz und 175 ml Wasser mit den Knethaken des Handrührgeräts oder mit den Händen zu einem glatten, elastischen Teig kneten.

3. Zugedeckt an einem warmen Ort 1 Stunde gehen lassen, dabei nach jeweils 20 Minuten auf der leicht bemehlten Arbeitsfläche lang ziehen und wie einen Briefumschlag falten: Teig oben, unten, rechts und links hochziehen und zur Mitte einklappen, dann mit der Naht nach unten wieder in die Schüssel zurücklegen.

4. Teig nochmals durchkneten und in die mit Backpapier ausgelegte Kastenform legen. Zugedeckt nochmals 15 Minuten gehen lassen. Die ofenfeste Form auf den Backofenboden stellen und Ofen auf 220 °C vorheizen.

5. Das Nullbruut mit einem scharfen Messer einmal der Länge nach etwa 15 mm tief einschneiden, um ihm so den typischen „Scheitel" zu verpassen. Die Oberfläche leicht mit etwas Wasser besprühen.

6. Nullbruut auf der mittleren Schiene in den Ofen stellen, 1 Tasse heißes Wasser in die ofenfeste Form gießen und das Brot 10 Minuten backen. Ofentemperatur auf 180 °C zurückschalten und das Brot weitere 50 bis 60 Minuten fertig backen.

7. Form aus dem Ofen nehmen und das Brot 10 Minuten ruhen lassen. Dann aus der Form nehmen und auf einem Kuchengitter komplett abkühlen lassen. Besonders lecker schmeckt es dick mit frischer Butter bestrichen.

In der Kastenform gebackene Brote sind gute Anfängerbrote, weil sie Fehler beim Formen leichter verzeihen als frei geschobene.

FÜR 1 KASTENFORM

ARBEITSZEIT: 10 MIN.

RUHEZEIT: 2 STD. 10 MIN.

BACKZEIT: 1 STD. 10 MIN.

ATTENDORNER OSTERSEMMEL

GESEGNETES BROT MIT KÜMMELNOTE

In Attendorn im Sauerland backt man zum Ostersamstag diese besonderen Semmeln. Der Kümmel soll Magen und Darm nach der langen Fastenzeit beim Verdauen des fettreichen Festtagsbratens unterstützen. Das Brot wird im Ostergottesdienst gesegnet.

Für den Sauerteig:
40 g Weizenmehl
30 g Roggenmehl (Type 1150)
10 g Sauerteigpulver

Für den Hauptteig:
10 g ganzer Kümmel
110 g Weizenmehl (Type 550)
70 g Roggenmehl Type (1150)
¼ Päckchen Trockenhefe
Salz
1 TL Zucker
1 EL Sonnenblumenöl
½ TL Speisestärke

Außerdem:
1 Backblech (40 × 30 cm)
1 kleine ofenfeste Form
Mehl für die Arbeitsfläche

1. **Für den Sauerteig** alle Zutaten in einer Schüssel mit 120 ml Wasser verrühren und an einem warmen Ort mindestens 4 Stunden reifen lassen.

2. **Für den Hauptteig** den Kümmel mit 100 ml Wasser aufkochen und zugedeckt mindestens 30 Minuten ziehen lassen.

3. Beide Mehlsorten, Hefe, 1 TL Salz und Zucker in einer Rührschüssel mischen. Sauerteig, Kümmelsud und Öl hinzufügen und mit den Knethaken des Handrührgeräts oder mit der Küchenmaschine zuerst 2 Minuten auf mittlerer, dann 8 Minuten auf höchster Stufe kneten. Der Teig sollte sich gut vom Schüsselrand lösen und nicht mehr an den Händen kleben. Zugedeckt an einem warmen Ort 1 Stunde gehen lassen.

4. Die Stärke in einem Topf mit 50 ml Wasser vermischen, unter Rühren aufkochen und dann abkühlen lassen.

5. Die ofenfeste Form auf den Boden des Backofens stellen und den Backofen auf 220 °C Umluft vorheizen. Das Backblech mit Backpapier auslegen. Den Teig auf der bemehlten Arbeitsfläche zu einem länglichen Brotlaib formen und auf das vorbereitete Backblech legen.

6. An den Schmalseiten einschneiden und die Enden x-förmig auseinanderziehen. Die Stärkemischung mit einem Backpinsel auf das Brot streichen und nochmals 30 Minuten gehen lassen. Ostersemmel auf die mittlere Schiene schieben und 1 Tasse heißes Wasser in die vorgeheizte Form gießen.

7. Die Ostersemmel etwa 25 Minuten knusprig braun backen. Auf einem Kuchengitter abkühlen lassen.

TIPP: Die Ostersemmel ist fertig gebacken, sobald sie hohl klingt, wenn man mit den Fingerknöcheln an die Unterseite klopft.

aus dem Sauerland

Traditionell wird die Semmel mit Butter, westfälischem Knochenschinken und Eiern gegessen.

FÜR 1 LAIB [500 G]

ARBEITSZEIT: 20 MIN.

RUHEZEIT: 5 ½ STD.

BACKZEIT: 25 MIN.

SIEGERLÄNDER GROFFBROAT

HERRLICH SAFTIGES SAUERTEIGBROT

Ja, richtig gelesen, es heißt „Broat“. Der Dialekt im Siegerland bringt uns immer wieder ins Staunen. Ebenso die legendäre Kreativität der hiesigen Bäcker. Das Groffbroat ist ein kräftiges Schwarzbrot mit reichlich Roggenschrot.

Für den Vorteig:
330 g feiner Roggenschrot (Type 1800)
100 g Roggensauerteig

Für den Hauptteig:
Salz
330 g feiner Roggenschrot (Type 1800)
85 g Weizenmehl (Type 1050)

Außerdem:
1 Backblech (40 × 30 cm)
Sprühflasche

1. Am Vortag für den Vorteig in einer Schüssel Roggenschrot, 165 ml lauwarmes Wasser und Roggensauerteig gründlich vermischen. Die Schüssel zudecken – wenn die Schüssel keinen Deckel hat, steckt man sie am besten in eine Plastiktüte, die man straff zieht – und bei Zimmertemperatur 12 Stunden reifen lassen.

2. Am nächsten Tag für den Hauptteig 20 g Salz in 335 ml lauwarmem Wasser auflösen. Roggenschrot, Weizenmehl und Vorteig hinzufügen und mit den Knethaken des Handrührgeräts zu einem homogenen Teig verkneten.

3. Ein Backblech mit Backpapier auslegen und den Backofen auf 225 °C vorheizen. Den Brotteig zu einem länglichen Brotlaib formen und auf das vorbereitete Blech legen. Mit etwas Wasser gleichmäßig bestreichen und auf die mittlere Schiene des Ofens schieben. Mit der Sprühflasche kräftig Wasser in den Ofen sprühen, die Ofentür schließen und das Groffbroat etwa 1 Stunde backen.

4. Das Brot aus dem Ofen nehmen und auf einem Kuchengitter abkühlen lassen.

aus dem Siegerland

FÜR 1 LAIB [1400 G]

ARBEITSZEIT: 15 MIN.

RUHEZEIT: 12 STD.

BACKZEIT: 1 STD.

HALVE HAHN MIT GEMÜSE-HACK

GARANTIERT KEIN GEFLÜGEL

DAS Kölner Kneipengericht! „Halve Hahn“ sagt der Rheinländer zu einem kräftig gebackenen Roggenbrötchen, das mit Käse belegt wird. Wir backen unser „Röggelche“ selbst und servieren ein würziges Gemüse-Hack dazu.

1. **Für die Röggelchen** beide Mehlsorten in eine Schüssel sieben und eine Mulde hineindrücken. Hefe in die Mulde geben, 100 ml lauwarmes Wasser hinzufügen und leicht verrühren. Mit etwas Mehl bestäuben und 30 Minuten gehen lassen.

2. Sauerteigpulver, ¼ TL Salz, Kümmel und Butter hinzufügen und alles mit den Knethaken des Handrührgeräts oder in der Küchenmaschine etwa 10 Minuten auf höchster Stufe kneten, bis der Teig glatt und elastisch ist und sich vom Schüsselrand löst. Den Teig zugedeckt weitere 30 Minuten gehen lassen.

3. Inzwischen das Backblech mit Backpapier auslegen und den Backofen auf 220 °C Umluft vorheizen. Dabei die ofenfeste Form auf dem Boden des Backofens mit vorheizen. Den Teig nochmals durchkneten und in 4 gleich große Stücke teilen.

4. Die Teigstücke auf der bemehlten Arbeitsfläche erst zu Kugeln formen und dann in eine längliche ovale Form bringen. Jeweils 2 Teigstücke paarweise nebeneinander auf das Backblech legen.

5. Das Blech mit den Röggelchen auf der mittleren Schiene in den Ofen schieben, 1 Tasse heißes Wasser in die vorgeheizte Form gießen und die Röggelchen etwa 18 Minuten backen, bis sie kräftig braun sind. Die Röggelchen aus dem Ofen nehmen und auf einem Kuchengitter abkühlen lassen.

6. **Inzwischen für das Gemüse-Hack** die Zwiebel schälen und in feine Würfel schneiden. Mit Zitronensaft und Zucker in einer Schüssel mischen und etwa 10 Minuten ziehen lassen. Gewürzgurken und Peperoni ebenfalls fein würfeln. Mit der Petersilie und der Zwiebel mischen und mit Salz und Pfeffer abschmecken.

7. Die Röggelchen in der Mitte teilen und die beiden Hälften längs aufschneiden. Mit Butter und Senf bestreichen und jeweils mit ½ Scheibe Gouda belegen. Auf zwei Teller verteilen und mit Gemüse-Hack garniert servieren.

TIPP: Röggelchen sind sogenannte Doppelbrötchen. Vor dem Backen werden 2 Teigstücke zusammengesetzt und erst vor dem Genuss geteilt.

aus Köln

Für die Röggelchen:
100 g Roggenmehl (Type 997)
100 g Weizenmehl (Type 550)
3 g frische Hefe
4 g Sauerteigpulver
Salz
¼ TL gemahlener Kümmel
1 EL Butter

Für das Gemüse-Hack:
1 rote Zwiebel
1 TL Zitronensaft
¼ TL Zucker
3 Gewürzgurken
½ rote Peperoni
1 TL gehackte Petersilie
Salz • Pfeffer aus der Mühle

Für den Belag:
60 g weiche Butter
2 EL mittelscharfer Senf
2 Scheiben Gouda

Außerdem:
1 Backblech (40 × 30 cm)
1 kleine ofenfeste Form
Mehl für die Arbeitsfläche

FÜR 4 STÜCK

ARBEITSZEIT: 20 MIN.

RUHEZEIT: 1 STD.

BACKZEIT: 18 MIN.

RHEINISCHES SCHWARZBROT

RUSTIKALER KLASSIKER

Teig zu kneten hat auch etwas Meditatives – bei diesem Brot gibt es dazu viele Möglichkeiten. Der Aufwand ist hoch, aber er lohnt sich! Der Bäcker kann am Ende wirklich stolz sein auf das wunderschöne, frei geschobene Roggenvollkornbrot.

1. Am Vortag für den Sauerteig Roggenvollkornschrot, Anstellgut und 400 ml lauwarmes Wasser mit einem Kochlöffel gut mischen. Schüssel mit Frischhaltefolie zudecken und bei warmer Zimmertemperatur – etwa 26 °C – 18 Stunden reifen lassen.

2. Am nächsten Tag für das Brühstück 2 Stunden vor Ende der Reifezeit das Schwarzbrot in der Küchenmaschine zu Paniermehl zermahlen. Bei mittlerer Hitze in einer Pfanne ohne Fett anrösten, bis es duftet. Dabei die Pfanne rütteln. Das Paniermehl in eine Schüssel umfüllen, mit 150 ml kochendem Wasser übergießen und zugedeckt 2 Stunden quellen lassen.

3. Für den Hauptteig Sauerteig, Brühstück, feines und grobes Vollkornroggenschrot, Rübenkraut, Hefe und 18 g Salz in der Küchenmaschine 20 Minuten auflangsamer Stufe kneten, danach zugedeckt 20 Minuten ruhen lassen. Den Vorgang wiederholen.

4. Den Teig zum dritten Mal für 20 Minuten auf langsamer Stufe kneten und sofort erst rund, dann länglich mit stumpfen Enden formen.

5. Reichlich Kartoffelstärke auf die Arbeitsfläche schütten, das Schwarzbrot darin wälzen und die Stärke leicht in die Oberfläche reiben. Das Schwarzbrot auf das Backblech legen und an einem warmen Ort 45 bis 60 Minuten gehen lassen, bis sich Risse in der Oberfläche zeigen.

6. Die ofenfeste Form auf den Boden des Backofens stellen und den Backofen auf 270 °C vorheizen. Mit nassen Händen mehrfach über das Schwarzbrot streichen, dabei die Hände zwischendurch erneut befeuchten. Dadurch schließen sich die ärgsten Risse im Brot, und durch die Reaktion von Stärke und Wasser bekommt das Schwarzbrot beim Backen eine schön glänzende Oberfläche.

7. Schwarzbrot auf der mittleren Schiene in den Ofen schieben. 1 Tasse Wasser in die vorgeheizte Form gießen. Vorsicht, es bildet sich heißer Wasserdampf! Backofentür schließen und die Temperatur auf 180 °C zurückschalten. Das Schwarzbrot etwa 1 Stunde 10 Minuten backen.

8. Aus dem Ofen nehmen und die Oberfläche mit Wasser bestreichen. Das Brot auf einem Kuchengitter vollständig abkühlen lassen.

TIPP: Das frische Schwarzbrot ist sehr krümelig. Für die traditionell sehr dünn geschnittenen Scheiben empfiehlt es sich, das Brot 24 Stunden ruhen zu lassen, bevor man es anschneidet.

Anstellgut kann man bei manchen Bäckereien kaufen, es ist aber auch schnell selbst angesetzt: Roggenmehl und die doppelte Menge lauwarmes Wasser zu einem Brei verrühren, luftdurchlässig abdecken und bei Raumtemperatur mindestens 1 Tag ziehen lassen.

Für den Sauerteig:
400 g grobes Roggenvollkornschrot
40 g Anstellgut (Roggen; siehe Tipp)

Für das Brühstück:
75 g rheinisches Schwarzbrot oder Vollkornbrot (vom Vortag)

Für den Hauptteig:
200 g feines Vollkornroggenschrot
175 g grobes Vollkornroggenschrot
50 g Rübenkraut (Zuckerrübensirup)
¼ Würfel Hefe
Salz

Außerdem:
Kartoffelstärke für die Arbeitsfläche
1 Backblech (40 × 30 cm)
1 kleine ofenfeste Form

aus Aachen

FÜR 1 LAIB [1500 G]

VORBEREITUNGSZEIT: 18 STD.

ARBEITSZEIT: 1 ½ STD.

RUHEZEIT: 3 STD.

BACKZEIT: 1 STD. 10 MIN.

HEDEWITTKEN – ROSINENBRÖTCHEN

SÜßE BRÖTCHEN MIT LANGER TRADITION

Urkundlich wurde das Lemgoer Fastnachtsgebäck erstmals 1684 erwähnt. Damals soll der Landesherr von der Grafschaft Lippe-Detmold versucht haben, den Übermut des Volkes zu zügeln und den Verzehr der Wecken zu verbieten – zum Glück ohne Erfolg.

Für die Hedewittken:
125 g Butter
500 g Mehl (Type 550)
Salz
¼ TL Zimtpulver
½ Päckchen Trockenhefe
35 g Zucker
125 ml lauwarme Milch
1 Ei
60 g Rosinen
1 Eigelb

Außerdem:
1 Backblech (40 × 30 cm)

1. Für die Hedewittken die Butter zerlassen und handwarm abkühlen lassen. Mehl, 1 Prise Salz und Zimt in eine Schüssel füllen, gut vermischen und eine Mulde in das Mehl drücken. Trockenhefe, Zucker und Milch verrühren. In die Mulde im Mehl gießen und mit etwas Mehl bestäuben. Etwa 5 bis 10 Minuten stehen lassen, bis sich Blasen bilden.

2. Butter und Ei zur Mehlmischung hinzufügen und zu einem glatten, elastischen Teig verkneten, der nicht mehr klebt. Teig zu einer Kugel formen und zugedeckt an einem warmen Ort etwa 1 Stunde gehen lassen, bis er sein Volumen verdoppelt hat.

3. Das Backblech mit Backpapier auslegen. Die Rosinen unter den Teig kneten. Den Teig auf die Arbeitsfläche legen und zu einer Rolle formen. Die Rolle in 8 Stücke schneiden und die Stücke zu runden Brötchen formen.

4. Die Teiglinge auf das Blech legen. Das Eigelb mit 1 EL Wasser und 1 Prise Salz verquirlen und die Hedewittken damit bestreichen. Weitere 20 Minuten ruhen lassen.

5. Inzwischen den Backofen auf 180 °C vorheizen. Die Hedewittken im Ofen auf der mittleren Schiene etwa 20 Minuten backen, bis sie appetitlich goldbraun sind. Hedewittken aus dem Ofen nehmen und am besten noch lauwarm servieren.

TIPP: Wenn der Teig mit nur 1 g Trockenhefe und kalter Milch zubereitet wird, kann er über Nacht im Kühlschrank aufgehen, und man kann zum Frühstück frische Hedewittken ohne lange Wartezeit genießen.

aus Ostwestfalen-Lippe

Diese süßen Verführer sind schnell gemacht und schmecken noch warm mit Butter bestrichen einfach genial.

FÜR 8 STÜCK

ARBEITSZEIT: 35 MIN.

RUHEZEIT: 1 ½ STD.

BACKZEIT: 20 MIN.

RHEINISCHE MÜRBCHEN

FEINE MILCHBRÖTCHEN

„Sundaach jit et bei uns immer Mürbchen" – die Kölner lieben die süßen Brötchen, die keineswegs mürbe, sondern aus weichem, luftigem Hefeteig sind. So kann man sich ganz ruckzuck manch einen Sonntag versüßen.

Für die Mürbchen:

½ Päckchen Trockenhefe
¼ l lauwarme Milch
50 g Zucker
1 Päckchen Vanillezucker
Salz
500 g Mehl (Type 550)
100 g Butter
1 Ei
1 Eigelb

Außerdem:

2 Backbleche (40 × 30 cm)

1. Für die Mürbchen Hefe mit Milch, beiden Zuckersorten, 1 Prise Salz und 1 EL Mehl verrühren und 10 Minuten ruhen lassen.

2. Dann restliches Mehl, Butter und Ei hinzufügen und mit den Knethaken des Handrührgeräts zu einem glatten, geschmeidigen Teig verkneten.

3. Den Teig zu einer Kugel formen, zurück in die Schüssel legen und zugedeckt an einem warmen Ort etwa 1 Stunde gehen lassen, bis er sein Volumen verdoppelt hat.

4. Die Backbleche mit Backpapier auslegen. Aus dem Teig 20 runde Mürbchen formen und mit etwas Abstand auf den Blechen verteilen. Mürbchen kreuzförmig einschneiden. Eigelb mit Wasser und 1 Prise Salz verquirlen und die Mürbchen damit bestreichen.

5. Die Mürbchen nochmals 10 bis 15 Minuten ruhen lassen. Währenddessen den Backofen auf 200 °C vorheizen. Mürbchen auf der mittleren Schiene in den Backofen schieben, eine Tasse Wasser auf den Boden gießen und die Mürbchen etwa 20 Minuten goldbraun backen.

6. Die fertigen Brötchen aus dem Ofen nehmen, auf einem Kuchengitter abkühlen lassen und möglichst frisch servieren.

aus dem Rheinland

Schmecken klassisch mit Butter und süßem Aufstrich. Der Rheinländer belegt sie aber ohne mit der Wimper zu zucken auch mit Käse oder Salami.

FÜR 20 STÜCK

ARBEITSZEIT: 20 MIN.

RUHEZEIT: 1 ½ STD.

BACKZEIT: 20 MIN.

SOLINGER MANDELSEMMEL

SÜßES WEIßBROT MIT BISS

Die Solinger gehen ihre eigenen Wege – so nehmen sie den Begriff „Semmel", setzen statt des weiblichen „Die" ein kräftiges „Der" davor und benennen so ein größeres, süßes Weißbrot in der Kastenform.

Für den Mandelsemmel:
125 ml Milch
40 g Butter
40 g Zucker
½ Würfel Hefe
250 g Mehl (Type 550)
Salz
1 Ei
100 g gehackte Mandeln
1 Eigelb
ca. 2 EL Mandelstifte

Außerdem:
1 Kastenform (25 cm Länge)
weiche Butter für die Form
Mehl für die Arbeitsfläche

1. Für den Mandelsemmel die Milch mit Butter und Zucker in einem Topf lauwarm erhitzen, vom Herd nehmen und die Hefe darin auflösen.

2. Die Milchmischung mit Mehl, 1 Prise Salz und dem Ei in eine Schüssel füllen und mit den Knethaken des Handrührgeräts etwa 10 Minuten zu einem elastischen Teig kneten. Die gehackten Mandeln hinzufügen und kurz unterkneten. Den Teig zugedeckt an einem warmen Ort 1 Stunde gehen lassen.

3. Inzwischen die Kastenform mit etwas weicher Butter einfetten. Den Teig nochmals durchkneten und auf der bemehlten Arbeitsfläche zu einem flachen Rechteck ausrollen. Zu einer straffen Rolle aufrollen und in die vorbereitete Kastenform legen. Den Teig nochmals 15 Minuten gehen lassen.

4. Den Backofen auf 160 °C Umluft vorheizen. Eigelb mit 1 EL Wasser und 1 Prise Salz verquirlen und den Mandelsemmel damit bepinseln. Gleichmäßig mit den Mandelstiften bestreuen und im Ofen auf der mittleren Schiene 25 bis 30 Minuten backen.

5. Aus dem Ofen nehmen, 5 Minuten abkühlen lassen und aus der Form nehmen. Auf einem Kuchengitter abkühlen lassen und lauwarm oder kalt servieren.

TIPP: Für das volle Aroma nimmt man ganze Mandeln – einmal in Wasser aufkochen und die Haut lässt sich ganz einfach entfernen. Im Anschluss die Mandeln mit dem Messer oder in der Küchenmaschine zerkleinern.

FÜR 1 KASTENFORM

ARBEITSZEIT: 20 MIN.

RUHEZEIT: 1 1/4 STD.

BACKZEIT: 30 MIN.

MÜNSTERLÄNDER KROAMSTUTEN

DAS ETWAS ANDERE GEBURTSGESCHENK

Wer ein Geschenk für eine Wöchnerin braucht, dem sei geholfen: Das Überreichen des Kroamstutens (Kroam ist niederdeutsch für Geburt) gehört im Münsterland zum Brauchtum. Häufig trifft man ihn geflochten oder kunstvoll verziert an.

Für den Kroamstuten:
115 g Butter
750 g Mehl (Type 550)
90 g Zucker
Salz
1½ Päckchen Trockenhefe
375 ml Milch
2 Eier
100 g Sultaninen (nach Belieben)
1 Eigelb
Zuckerguss (nach Belieben)

Außerdem:
1 Backblech (40 × 30 cm)

1. Für den Kroamstuten die Butter zerlassen und handwarm abkühlen lassen. Das Mehl in eine Rührschüssel sieben. Zucker, 1 gestrichenen TL Salz und Hefe hinzufügen und vermischen.

2. Milch, Butter und 1 Ei hinzufügen und alles in der Küchenmaschine oder mit den Knethaken des Handrührgeräts zu einem glatten, elastischen Teig verkneten. Nach Belieben Sultaninen unterkneten.

3. Den Teig zugedeckt an einem warmen Ort etwa 1 Stunde gehen lassen, bis er sein Volumen verdoppelt hat.

4. Das Backblech mit Backpapier auslegen. Den Teig nochmals durchkneten und in 3 gleich schwere Stücke teilen. Diese zu gleichmäßigen Strängen rollen und zu einem Zopf flechten. Die Enden unter den Zopf schieben und den Zopf auf das Backblech legen. Zopf nochmals 15 Minuten gehen lassen.

5. Den Backofen auf 180 °C vorheizen. Das restliche Ei mit Eigelb, 1 EL Wasser und 1 Prise Salz verrühren und den Kroamstuten damit bestreichen. Im Ofen auf der mittleren Schiene etwa 30 Minuten backen, bis der Kroamstuten appetitlich goldbraun ist.

6. Aus dem Ofen nehmen und auf einem Kuchengitter abkühlen lassen.

TIPP: Kroamstuten ohne Sultaninen wird „pur" gelassen; Kroamstuten mit Sultaninen wird nach Belieben noch mit Zuckerguss bestrichen.

Wer künstlerisch begabt ist, kann mit Zuckerguss oder Sultaninen, Mandelstückchen oder Schokotropfen den Namen und Geburtstag des Neugeborenen auf den Kroamstuten schreiben.

FÜR 1 LAIB [1500 G]

ARBEITSZEIT: 30 MIN.

RUHEZEIT: 1¼ STD.

BACKZEIT: 30 MIN.

TRADITIONELLE WECKMÄNNER

DÜRFEN BEIM MARTINSFEST NICHT FEHLEN

Kinder im Rheinland freuen sich über diesen alten Brauch. Der süße Teig bekommt rund um St. Martin eine ganz besondere Form: Als lustige Weckmännchen schmeckt er gleich noch mal so gut. Und ist nicht umsonst bei jedem Martinsumzug dabei.

1. Für die Weckmänner die Milch lauwarm erwärmen und die Hefe hineinbröckeln. 1 gehäuften EL Zucker hinzufügen und rühren, bis die Hefe sich aufgelöst hat. Das Mehl in eine Schüssel sieben. Restlichen Zucker, ½ TL Salz, Butter in Flöckchen, Vanilleextrakt, Zitronenschale, Eier und die Hefemilch hinzufügen.

2. Den Teig mit den Knethaken des Handrührgeräts oder in der Küchenmaschine 10 Minuten kneten, bis er glatt und elastisch ist und nicht mehr klebt. Teig zu einer Kugel formen, mit wenig weicher Butter bestreichen und zugedeckt an einem warmen Ort 45 Minuten gehen lassen, bis er sein Volumen verdoppelt hat.

3. Den Backofen auf 180 °C vorheizen und die Backbleche mit Backpapier auslegen. Den Teig in 6 Stücke teilen und die Stücke zu dicken Teigsträngen von etwa 20 cm Länge rollen. Zu einem flachen Oval drücken und so einschneiden, dass sich Kopf, Arme und Beine formen lassen (siehe rechts). Kopf und Gliedmaßen eventuell nachformen.

4. Jedem Weckmann 2 Rosinen als Augen und 3 Rosinen als Jackenknöpfe leicht in den Teig drücken.

5. Die Weckmänner mit genügend Abstand auf die Backbleche legen und zugedeckt nochmals 15 Minuten ruhen lassen. Das Eigelb mit 1 EL Wasser und 1 Prise Salz verquirlen und die Weckmänner damit bestreichen.

6. Die Weckmänner nacheinander etwa 12 Minuten im Ofen auf mittlerer Schiene backen, bis die Weckmänner goldbraun sind. Aus dem Ofen nehmen und auf Kuchengittern abkühlen lassen. Die Weckmänner schmecken pur oder mit Butter und Marmelade bestrichen.

TIPP: Auß dem süßen Teig können Sie auch klassische Milchbrötchen backen – mit oder ohne Rosinen.

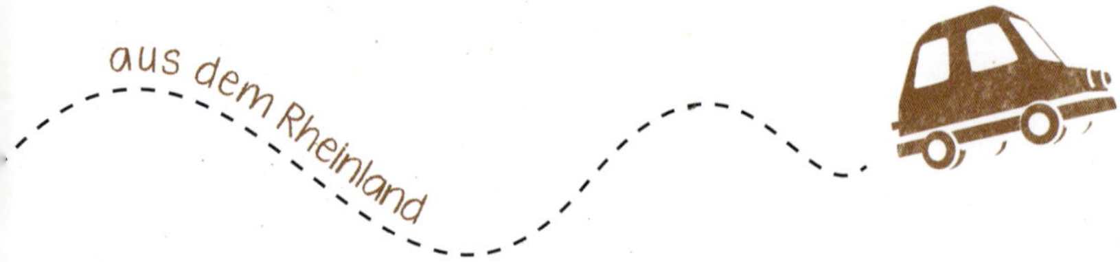

Für die Weckmänner:

¼ l Milch
1 Würfel Hefe
85 g Zucker
500 g Mehl (Type 550)
Salz
100 g sehr weiche Butter
1 TL Vanilleextrakt
abgeriebene Schale von ½ Bio-Zitrone
2 Eier
30 Rosinen
1 Eigelb

Außerdem:

2 Backbleche (à 40 × 30 cm)

FÜR 6 STÜCK

ARBEITSZEIT: 30 MIN.

RUHEZEIT: 1 STD.

BACKZEIT: 24 MIN.

wigger jeht's

PERFEKT FÜR JEDE PARTY

* HERZHAFTES *
AUS OFEN, PFANNE UND CO.

SPECKKUCHEN MIT SAURER SAHNE

WER BRAUCHT DA NOCH FLAMMKUCHEN?

In NRW wird die Elsässer Spezialität leicht abgewandelt serviert – welche Variante zuerst da war, ist nicht überliefert, aber auch nicht so wichtig, meinen wir. Dieses Rezept haben wir so ähnlich in einem alten Kochbuch vom Niederrhein entdeckt.

Für den Hefeteig:
250 g Mehl (Type 550)
Salz
½ Päckchen Trockenhefe

Für den Belag:
150 g geräucherter Speck (am Stück)
1 Eigelb
Salz
½ TL ganzer Kümmel
150 g saure Sahne
1 kleine Knoblauchzehe
Pfeffer aus der Mühle

Außerdem:
1 runde ofenfeste Form (26 cm Durchmesser)
Sonnenblumenöl für die Schüssel

1. **Für den Hefeteig** Mehl, 1 gehäuften TL Salz, Hefe und 150 ml lauwarmes Wasser in eine Rührschüssel füllen und mit den Knethaken des Handrührgeräts 5 Minuten zu einem geschmeidigen Teig verkneten.

2. Den Teig aus der Schüssel nehmen und zu einer Kugel formen. Etwas Öl in die Schüssel gießen. Den Teig darin wenden, mit dem Schluss nach unten in die Schüssel legen und den Teig zugedeckt an einem warmen Ort etwa 1 Stunde gehen lassen, bis er sein Volumen verdoppelt hat.

3. **Inzwischen für den Belag** den Speck fein würfeln. 15 Minuten vor Ende der Gehzeit den Backofen auf 180 °C vorheizen. Fertig aufgegangenen Teig rund ausrollen und die Form damit auslegen, dabei einen kleinen Rand von etwa 2 cm hochziehen.

4. Das Eigelb mit 1 EL Wasser und 1 Prise Salz verquirlen und den Hefeteig damit bestreichen. Gleichmäßig mit den Speckwürfeln und dem Kümmel bestreuen. Im Ofen auf der mittleren Schiene 15 Minuten backen.

5. Die saure Sahne in einer kleinen Schüssel glatt rühren. Den Knoblauch dazupressen und mit wenig Salz und Pfeffer würzen.

6. Den Speckkuchen aus dem Ofen nehmen und die saure Sahne gleichmäßig darauf verstreichen. Zurück in den Ofen schieben und weitere 10 Minuten backen. Herausnehmen, noch warm in Stücke schneiden und als Snack zum Bier oder mit einem gemischten Salat als kleine Hauptmahlzeit servieren.

TIPP: Für Gäste oder die Party einfach das Rezept verdoppeln und den Speckkuchen auf einem Backblech backen.

FÜR 2 PERSONEN

ARBEITSZEIT: 10 MIN.

RUHEZEIT: 1 STD.

BACKZEIT: 25 MIN.

NIEHEIMER KÄSERÖLLCHEN

TRENDIGE ROLL-UPS MIT TRADITIONSKÄSE

Hört man „Sauermilchkäse", denken viele zuerst an Harzer oder hessischen Handkäs. Eine traditionsreiche Spezialität stammt aber aus Ostwestfalen: Nieheimer Käse hat wenig Fett, aber viel Eiweiß. Eingewickelt in Hefeteig, ist er ein perfekter Partysnack!

1. Für den Hefeteig die Hefe zerbröckeln und mit Rübenkraut und ½ l Wasser verrühren. Mehl und 1 TL Salz in eine Schüssel füllen. Hefemischung und Öl zum Mehl hinzufügen und alles zu einem glatten Teig kneten. Zugedeckt 1 Stunde gehen lassen.

2. Für die Mangoldfüllung die Mangoldstiele und groben Blattrippen entfernen. Den Mangold waschen, trocken tupfen und in Streifen schneiden. Mit Frischkäse und Senf verrühren und mit Salz und Pfeffer würzen. Den Käse fein würfeln.

3. Für die Tomatenfüllung die getrockneten Tomaten grob hacken. Die Oliven in Ringe schneiden. Den Käse fein würfeln.

4. Für die Sardellenfüllung die Frühlingszwiebel putzen, waschen und in feine Ringe schneiden. Die Tomate waschen, halbieren, Stielansatz entfernen und das Fruchtfleisch fein würfeln. Die Petersilie waschen, trocken schütteln und die Blätter grob hacken. Den Käse fein würfeln.

5. Den Backofen auf 200 °C vorheizen und das Backblech mit Backpapier auslegen. Den Hefeteig auf der bemehlten Arbeitsfläche in 3 gleich schwere Stücke teilen und jedes Stück zu einem Rechteck von etwa 20 × 30 cm ausrollen.

6. Die erste Teigplatte mit der Mangoldmasse bestreichen, leicht überlappend mit dem Schinken belegen und mit dem Käse bestreuen. Den Teig von einer langen Seite aus aufrollen.

7. Die zweite Teigplatte mit Tomatenmark bestreichen und mit Salz und Pfeffer würzen. Getrocknete Tomaten, Oliven, Käse und Oregano gleichmäßig darauf verteilen und aufrollen.

8. Die dritte Teigplatte mit Frühlingszwiebelringen, Tomatenwürfeln, Petersilie, Sardellen und Käse belegen, mit Salz und Pfeffer würzen und aufrollen.

9. Teigrollen in jeweils 8 Scheiben schneiden. Mit der Schnittfläche nach oben im Wechsel dicht an dicht aufs Blech legen. Eigelb und 2 EL Wasser verquirlen, Käseröllchen damit bestreichen. Mit Mohn bestreuen und im Ofen auf der mittleren Schiene etwa 20 Minuten backen.

Für den Hefeteig:
1 Würfel Hefe
2 EL Rübenkraut (Zuckerrübensirup)
1 kg Mehl (Type 550)
Salz • 2 EL Sonnenblumenöl

Für die Mangoldfüllung:
3 Blätter Mangold
4 EL Frischkäse • 1 EL Senf
Salz • Pfeffer aus der Mühle
200 g Nieheimer Käse
6 Scheiben Westfälischer Knochenschinken

Für die Tomatenfüllung:
50 g getrocknete Tomaten (in Öl)
10 grüne Oliven (ohne Stein)
200 g Nieheimer Käse
4 EL Tomatenmark
Salz • Pfeffer aus der Mühle
1 TL getrockneter Oregano

Für die Sardellenfüllung:
1 Frühlingszwiebel
1 Tomate
½ Bund Petersilie
200 g Nieheimer Käse
5 Sardellen
Salz • Pfeffer aus der Mühle
Außerdem:
Mehl für die Arbeitsfläche
1 Eigelb • 3 EL Mohn
1 Backblech (40 × 30 cm)

FÜR 24 STÜCK

ARBEITSZEIT: 40 MIN.

RUHEZEIT: 1 STD.

BACKZEIT: 20 MIN.

KARTOFFELROLLE MIT ÖCHER PUTTES

DEFTIGES IM WÜRZIGEN MANTEL

Öcher Puttes, die berühmte und geografisch geschützte Aachener Blutwurst, wird traditionell als „Kompes“ mit Kartoffelpüree und Sauerkraut serviert. Einen Hauch edler kommt diese Rolle daher, in der sich die derbe Wurst als Füllung wiederfindet.

1. Für den Kartoffelteig die Kartoffeln in einem Topf mit Salzwasser aufkochen und zugedeckt etwa 30 Minuten weich kochen.

2. Inzwischen für die Füllung die Zwiebel schälen und fein würfeln. Den Knoblauch schälen und fein hacken. Die Öcher Puttes pellen und würfeln.

3. Butter in einer beschichteten Pfanne erhitzen, Zwiebel und Knoblauch darin andünsten. Öcher Puttes hinzufügen und mitbraten. In eine Schüssel umfüllen, mit Semmelbröseln und Eigelb mischen und mit Salz und Pfeffer würzen. Den Backofen auf 160 °C Umluft vorheizen.

4. Die Kartoffeln abgießen, ausdampfen lassen, pellen und durch die Kartoffelpresse drücken. Rasch mit Eigelben, Grieß, Mehl, Stärke, Oregano und Petersilie mischen und mit Salz und Pfeffer würzen.

5. Das Backblech mit Backpapier auslegen. 1 Bogen Backpapier auf die Arbeitsfläche legen und leicht mit Mehl bestäuben. Kartoffelmasse darauf zu einem Rechteck von etwa 20 × 30 cm ausrollen. Die Füllung darauf verteilen, dabei an jeder Seite etwa 1 cm frei lassen. Mithilfe des Backpapiers von einer kurzen Seite aus aufrollen und vorsichtig auf das Backblech legen. An den Enden leicht zusammendrücken.

6. Butterschmalz zerlassen und die Kartoffelrolle damit bestreichen. Kartoffelrolle im Ofen auf mittlerer Schiene etwa 45 Minuten backen, bis sie goldbraun ist.

7. Inzwischen für das Sauerkraut die Zwiebel schälen und fein würfeln. Den Speck fein würfeln. Wacholderbeeren andrücken. Schweineschmalz in einem Topf erhitzen, Zwiebel und Speck darin kräftig anbraten. Sauerkraut, Wein, Lorbeerblätter und Wacholderbeeren hinzufügen und zugedeckt bei mittlerer Hitze etwa 20 Minuten garen. Mit Salz und Pfeffer würzen.

8. Kartoffelrolle aus dem Ofen nehmen und noch heiß in etwa 2 cm dicke Scheiben schneiden. Mit dem Sauerkraut anrichten.

TIPP: Den Öcher Puttes kann man auch durch eine andere Blutwurst ersetzen.

aus Aachen

Für den Kartoffelteig:
400 g mehligkochende Kartoffeln
Salz • 4 Eigelb
100 g Hartweizengrieß
150 g Mehl
1 EL Kartoffelstärke
½ TL getrockneten Oregano
1 EL gehackte Petersilie
Pfeffer aus der Mühle
25 g Butterschmalz

Für die Füllung:
1 Zwiebel
1 Knoblauchzehe
150 g Öcher Puttes (Aachener Blutwurst)
30 g Butter
50 g Paniermehl • 1 Eigelb
Salz • Pfeffer aus der Mühle

Für das Sauerkraut:
1 Zwiebel
40 g geräucherter Speck
10 Wacholderbeeren
30 g Schweineschmalz
400 g frisches Sauerkraut
150 ml halbtrockener Weißwein
3 Lorbeerblätter
Salz • Pfeffer aus der Mühle

Außerdem:
1 Backblech (40 × 30 cm)
Mehl für die Arbeitsfläche

FÜR 2 PERSONEN

ARBEITSZEIT: 45 MIN.

BACKZEIT: 45 MIN.

TÖTTCHEN-POT-PIE MIT KALBFLEISCH

EIN KLASSIKER MACHT SICH FEIN

Für das Mönstersk Töttken beziehungsweise Töttchen wurde einst aus Kalbskopf samt Hirn und Maul ein Ragout zubereitet. Die moderne Variante besteht aus feinem Kalbfleisch – von uns ummantelt mit einer knusprigen Teigkruste.

1. **Für das Töttchen** die Zwiebeln schälen, halbieren und in Halbringe schneiden. Das Butterschmalz in einem Topf erhitzen und die Zwiebeln darin anbraten. Das Kalbsgulasch hinzufügen und rundum etwa 5 Minuten scharf anbraten. Mit Mehl bestäuben, Wein angießen und 2 bis 3 Minuten unter Rühren kochen lassen. Kalbsfond dazugießen.

2. Wacholderbeeren andrücken und mit den Nelken, Lorbeerblättern und Pimentkörnern in einen Gewürz- oder Einwegteebeutel füllen. Diesen in das Ragout hängen und bei mittlerer Hitze etwa 1 Stunde köcheln lassen. Ab und zu umrühren und bei Bedarf etwas Wasser hinzufügen. Vom Herd nehmen, Sahne und Essig unterrühren und mit Salz und Pfeffer würzen.

3. **Inzwischen für den Pastetenteig** die Butter würfeln. Gouda fein reiben. Mehl und 1 TL Salz mischen und die Butter mit einem großen Messer in das Mehl hacken. Eine Mulde in die Mehlmischung drücken, Ei und Eigelbe hineingeben, den Käse hinzufügen und alles rasch zu einem glatten Teig verkneten. Teig in ein Drittel und zwei Drittel aufteilen. Beide Teigstücke flach drücken und in Frischhaltefolie gewickelt 30 Minuten kühl stellen.

4. Inzwischen den Backofen auf 180 °C Umluft vorheizen und die Tarteform einfetten. Das größere Teigstück auf der bemehlten Arbeitsfläche zu einem dünnen Kreis ausrollen und die Tarteform damit komplett auskleiden.

5. Ein Stück Backpapier auf den Teig legen, Hülsenfrüchte darauf verteilen. Teig im Ofen 15 Minuten blindbacken. Den restlichen Teig in Formgröße ausrollen und mit einem Plätzchenausstecher ein Muster in den Teig stechen.

6. Die vorgebackene Tarte herausnehmen. Backpapier und Hülsenfrüchte entfernen. Das Töttchen einfüllen. Den ausgerollten Teigdeckel über die Form legen und am Rand andrücken. Die ausgestochenen Teigformen nach Belieben auflegen. Die Pie noch etwa 25 Minuten backen.

TIPP: Verwendet man zum Blindbacken Reis oder getrocknete Hülsenfrüchte, können diese bei Bedarf wiederverwendet werden.

Wem der Teigmantel zu viel Arbeit ist, der kann das Töttchen natürlich auch pur essen. Im Münsterland isst man einfach Brot dazu!

Für das Töttchen:
2 große Zwiebeln
60 g Butterschmalz
800 g Kalbsgulasch
2 EL Mehl
¼ l trockener Weißwein
1 l Kalbsfond
10 Wacholderbeeren
5 Gewürznelken
3 Lorbeerblätter
5 Pimentkörner
75 g Sahne
2 EL Apfelessig
Salz • Pfeffer aus der Mühle

Für den Pastetenteig:
250 g kalte Butter
50 g alter Gouda
500 g Mehl (Type 550)
Salz
1 Ei
2 Eigelb

Außerdem:
1 Einwegteebeutel
1 Tarteform (26 cm Durchmesser)
weiche Butter für die Form
500 g Hülsenfrüchte zum Blindbacken

FÜR 4 PERSONEN

ARBEITSZEIT: 1¼ STD.

BACKZEIT: 40 MIN.

ROSENSTRUDEL MIT SENFKRAUTFÜLLUNG

UNSERE ANTWORT AUF DEN APFELSTRUDEL

Ist er nicht hübsch, unser herzhafter Strudel? Ein wirklich einfaches, aber eindrucksvolles Essen! Wir füllen den Teig mit zwei traditionellen NRW-Schwergewichten: Sauerkraut und Senf – eine perfekte Kombination.

1. Für den Strudel das Sauerkraut abtropfen lassen. Apfel schälen, entkernen und in feine Würfel schneiden. Zwiebel schälen und wie den Schinkenspeck in feine Würfel schneiden.

2. Beides im Öl bei mittlerer Hitze andünsten. Kümmel hinzufügen und 30 Sekunden mitbraten. Die Apfelwürfel dazugeben und unter Rühren 2 Minuten andünsten. Senf unterrühren. Mit Salz und Pfeffer würzen. Die Füllung in eine Schüssel geben und kurz abkühlen lassen.

3. Inzwischen den Backofen auf 180 °C vorheizen, die Tarteform einfetten und mit Backpapier auslegen.

4. Für den Guss Eier, Milch, Sahne, ¾ TL Salz, Pfeffer und 1 Prise Muskat gründlich verquirlen. Beiseitestellen.

5. Strudelteig aus der Packung nehmen und unter einem feuchten Handtuch ruhen lassen. Butterschmalz in einem Topf zerlassen. Das erste Strudelblatt mit Butterschmalz bestreichen.

6. Etwas Füllung sparsam über das gesamte Strudelblatt streuen und das Strudelblatt längs ziehharmonikaförmig locker zusammenraffen. Zu einer losen Schnecke aufrollen und in die Mitte der Tarteform setzen. Die restlichen Strudelblätter ebenso füllen, formen und in die Form setzen.

7. Guss gleichmäßig über den Strudel gießen. Im Ofen etwa 30 Minuten knusprig goldbraun backen. Mit Backpapier zudecken, falls er zu schnell zu dunkel wird.

8. Inzwischen für den Feldsalat den Feldsalat verlesen, waschen und trocken schütteln. Die Schalotte schälen und in feine Würfel schneiden. Den Knoblauch schälen und grob hacken. Kartoffel, Senf, Knoblauch, Essig, Brühe und Zucker mischen und fein pürieren. Langsam das Öl einfließen lassen. Mit Salz und Pfeffer würzen. Die Schalotte unter das Dressing rühren und den Feldsalat vorsichtig mit dem Dressing anmachen.

9. Den Rosenstrudel aus dem Ofen nehmen, in Tortenstücke schneiden und mit dem Feldsalat auf Tellern anrichten.

TIPP: Der Strudel schmeckt sowohl frisch aus dem Ofen als auch auf Zimmertemperatur abgekühlt.

Für den Strudel:
350 g Sauerkraut
½ Boskop
1 mittelgroße Zwiebel
150 g Schinkenspeck
1 EL Sonnenblumenöl
½ TL ganzer Kümmel
1 EL mittelscharfer Senf
(am besten aus NRW)
Salz • Pfeffer aus der Mühle
250 g Strudelteig (aus dem Kühlregal)
75 g Butterschmalz

Für den Guss:
3 Eier (Größe L)
50 ml Milch
150 g Sahne • Salz
Pfeffer aus der Mühle
frisch geriebene Muskatnuss

Für den Feldsalat:
100 g Feldsalat
1 Schalotte
1 kleine Knoblauchzehe
50 g gekochte Kartoffel
je 1 TL grober und scharfer Senf
80 ml Apfelessig
50 ml Gemüsebrühe
½ TL Zucker
80 ml Sonnenblumenöl
Salz • Pfeffer aus der Mühle

Außerdem:
1 Tarteform (24 cm Durchmesser)
weiche Butter für die Form

FÜR 4 PERSONEN

ARBEITSZEIT: 45 MIN.

BACKZEIT: 30 MIN.

GRÜNKOHLSTRUDEL MIT SENFCREME

LIPPISCHE PALME – SO RICHTIG SCHÖN VERPACKT

In Ostwestfalen-Lippe wird eine alte Grünkohlsorte angebaut, die optisch tatsächlich einer Palme ähnelt. Klassisch wird Grünkohl einfach nur geschmort, für etwas Abwechslung haben wir uns hier mal eine kleine Verrücktheit erlaubt.

1. Für den Grünkohlstrudel die Zwiebel schälen und in feine Würfel schneiden. Die Kartoffel schälen, waschen und fein reiben. 30 g Butterschmalz erhitzen und die Zwiebelwürfel darin andünsten.

2. Den Grünkohl hinzufügen und unter gelegentlichem Rühren 5 Minuten dünsten. Die Kartoffelraspel dazugeben und weitere 5 Minuten dünsten. Die Grünkohlmischung mit Salz und Pfeffer würzen. Vom Herd nehmen. Die Mettwurst in kleine Würfel schneiden und hinzufügen.

3. Backofen auf 180 °C vorheizen und das Backblech mit Backpapier auslegen. Den Strudelteig aus der Packung nehmen und mit einem feuchten Handtuch bedecken. Das restliche Butterschmalz schmelzen. 1 Blatt Strudelteig mit dem Backpinsel mit Butterschmalz bestreichen. 1 weiteres Blatt auf das gebutterte legen und ebenfalls bestreichen. So fortfahren, bis der gesamte Teig aufgebraucht ist, dabei das letzte Blatt ebenfalls mit Butterschmalz bestreichen.

4. Die Grünkohlmischung als Streifen längs an einer Teigseite verteilen. Rechte und linke Teigseiten etwa 2 cm breit über die Füllung klappen und den gefüllten Teig zu einer festen Rolle aufrollen. Mit der Naht nach unten auf das Backblech legen und mit dem restlichen Butterschmalz bepinseln. Den Strudel im Ofen auf der mittleren Schiene etwa 30 Minuten backen.

5. Inzwischen für den Senfdip die Zwiebel schälen und in feine Würfel schneiden. Das Öl erhitzen und die Zwiebelwürfel darin anbraten, bis sie goldbraun sind. Auf einem kleinen Teller abkühlen lassen.

6. Den Schmand mit der Zwiebel und beiden Senfsorten verrühren und mit Salz und Pfeffer würzen. Bis zum Verzehr kühl stellen.

7. Den Grünkohlstrudel aus dem Ofen nehmen, auf eine Servierplatte legen und in Scheiben schneiden. Noch heiß mit dem Senfdip servieren.

aus Ostwestfalen-Lippe

Für den Grünkohlstrudel:
1 kleine Zwiebel
1 mittelgroße Kartoffel
150 g Butterschmalz
300 g küchenfertiger Grünkohl
Salz • Pfeffer aus der Mühle
1 geräucherte Mettwurst (90 g)
250 g Strudelteig (Kühlregal)

Für den Senfdip:
1 kleine Zwiebel
1 TL Sonnenblumenöl
200 g Schmand
1 gehäufter TL scharfer Senf
1 EL körniger Senf
Salz • Pfeffer aus der Mühle

Außerdem:
1 Backblech (40 × 30 cm)

FÜR 2 PERSONEN

ARBEITSZEIT: 35 MIN.

BACKZEIT: 30 MIN.

ZIZIES IM SCHLAFROCK

HOTDOG OP KÖLSCHE AAT

In Köln isst man gerne Zizies, eine Verballhornung des französischen „saucisse" für Würstchen. Wir packen die knusprig gebratene Bratwurst in einen weichen Hefeteig und machen aus der traditionellen Zwiebel-Bier-Sauce einen Zwiebeldip.

1. Für den Zwiebeldip die Zwiebeln schälen, halbieren und in feine Halbringe schneiden. Öl und Butter in einer Pfanne erhitzen. Die Zwiebeln unterrühren, bis sie gleichmäßig mit Fett überzogen sind, Deckel auflegen und die Zwiebeln bei schwacher Hitze 15 Minuten dünsten.

2. Den Knoblauch schälen und fein hacken. Zu den Zwiebeln geben. Je 1 kräftige Prise Salz und Zucker unterrühren. Die Zwiebeln bei mittlerer Hitze unter häufigem Rühren etwa 35 Minuten karamellisieren. Kurz auf einem Teller abkühlen lassen.

3. Für den Hefeteig Mehl, Zucker, 1 TL Salz, Trockenhefe und Backpulver mischen. Milch, Öl und Eiweiß hinzufügen und etwa 5 Minuten zu einem glatten Teig verkneten. Zugedeckt 30 Minuten gehen lassen.

4. Inzwischen die Bratwürste im Öl von allen Seiten kräftig anbraten und beiseitestellen.

5. Den Backofen auf 200 °C vorheizen. Hefeteig in 4 Teile teilen und zu Kugeln formen. 5 Minuten ruhen lassen. Das Backblech mit Backpapier auslegen. Die Teigkugeln zu dünnen Ovalen flach drücken, die etwa der Länge der Bratwürste entsprechen.

6. Von beiden Seiten in Abständen von etwa 1½ cm einschneiden, dabei in der Mitte einen Steg von etwa 3 cm stehen lassen. Je 1 TL Senf auf dem Mittelsteg verstreichen und jeweils 1 EL Zwiebeln darauf verteilen.

7. Die Bratwürste darauflegen und die Teigstreifen abwechselnd von rechts und links über die Bratwürste legen, sodass ein Zopfmuster entsteht. Die Zizies im Schlafrock auf das Backblech legen. Das Eigelb mit 1 EL Wasser und 1 Prise Salz verquirlen und die Zizies damit bestreichen. Im Ofen auf der mittleren Schiene etwa 18 Minuten backen.

8. Inzwischen die saure Sahne mit den restlichen karamellisierten Zwiebeln verrühren. Mit Salz und Pfeffer würzen. Den Schnittlauch waschen, trocken schütteln und in Röllchen schneiden, den Dip damit bestreuen und zu den Zizies servieren.

TIPP: Die Zizies im Schlafrock kann man auch kalt essen – sie eignen sich daher prima fürs Büfett oder zum Mitnehmen.

Für den Zwiebeldip:
500 g Zwiebeln
1 EL Sonnenblumenöl
1 EL Butter
1 Knoblauchzehe
Salz • Zucker
250 g saure Sahne
Pfeffer aus der Mühle
10 Schnittlauchhalme

Für den Hefeteig:
250 g Mehl (Type 550)
1 TL Zucker
Salz
3,5 g Trockenhefe
1 TL Backpulver
125 ml Milch
50 ml Sonnenblumenöl
1 Eiweiß

Außerdem:
4 rheinische Bratwürste
Sonnenblumenöl zum Braten
1 Backblech (40 × 30 cm)
4 TL mittelscharfer Senf
1 Eigelb • Salz

aus Köln

FÜR 4 PERSONEN

ARBEITSZEIT: 45 MIN.

RUHEZEIT: 30 MIN.

BACKZEIT: 18 MIN.

DEFTIGE PUFFELSKOOCHE

QUARKPFANNKÜCHLEIN MIT METTWURST

Puffels what? Der Puffelskooche ist nichts anderes als ein Pfannkuchen. Süß und mit Rosinen verfeinert, gehört er in Teilen des Bergischen Landes zur traditionellen Kaffeetafel. Manch einer mag aber eher die herzhafte Variante mit Mettwurst.

150 g Mettwurst
250 g Mehl (Type 405)
1 TL Backpulver
Salz
250 g Speisequark
3 Eier
150 ml Milch
Sonnenblumenöl oder Butterschmalz zum Braten

1. Die Mettwurst in feine Würfel schneiden. Mehl, Backpulver und ¼ TL Salz in einer Schüssel mischen. Quark, Eier und Milch hinzufügen und mit einem Schneebesen zu einem glatten, dickflüssigen Pfannkuchenteig verrühren. Mettwurst unterrühren und den Teig zugedeckt 15 Minuten quellen lassen.

2. In einer großen Pfanne reichlich Öl oder Butterschmalz erhitzen. Den Teig esslöffelweise in das heiße Bratfett tropfen und bei mittlerer Hitze von beiden Seiten goldbraun ausbacken. Kurz auf Küchenpapier entfetten und nach Belieben mit einem gemischten Salat servieren.

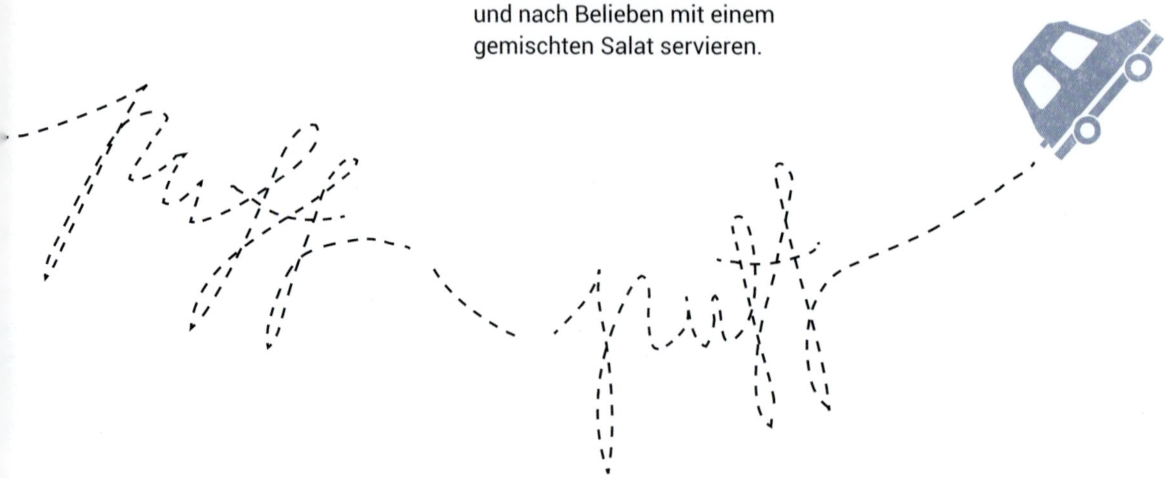

Wer keine Mettwurst mag, nimmt einfach Schinken.

FÜR 2 PERSONEN

ARBEITSZEIT: 10 MIN.

QUELLZEIT: 15 MIN.

BACKZEIT: 10 MIN.

SEJERLÄNNER OFENPLÄTZE JAPONAIS

CRÊPE TRIFFT REIBEKUCHEN

Serviert werden die Ofenplätze normalerweise mit Butter, Rübenkraut oder Apfelmus bestrichen und dann aufgerollt. Wir wagen uns an eine herzhafte Variante, die ganz asiatisch daherkommt.

Für die Ofenplätze:
500 g mehligkochende Kartoffeln
125 g Mehl (Type 405)
2 Eier • Salz • 200 ml Milch

Für den Belag:
½ Salatgurke
6 Blätter Romanasalat
1 geräuchertes Forellenfilet (ca. 125 g)
1 daumenlanges Stück Meerrettichwurzel
200 g Schmand
je 2 TL grobkörniger und mittelscharfer Senf
2 TL Zitronensaft
Salz • Pfeffer aus der Mühle

Außerdem:
1 Plätzedeckel (spezielles Bratgerät für Ofenplätze; oder 1 Pfanne)
Sonnenblumenöl zum Braten
Sushimatte

1. **Für die Ofenplätze** die Kartoffeln schälen und fein reiben. Kartoffelraspel mit Mehl, Eiern, ¼ TL Salz und Milch zu einem nicht zu dicken Teig verrühren – falls nötig, noch etwas Milch hinzufügen. Kartoffelteig 15 Minuten ruhen lassen.

2. Den Plätzedeckel oder die Pfanne auf dem Herd erhitzen und mit etwas Öl bestreichen. 1 Kelle Kartoffelteig dünn auf dem Plätzedeckel verstreichen. Ofenplätze auf beiden Seiten bei mittlerer Hitze goldbraun backen, vom Plätzedeckel nehmen und abkühlen lassen. Nach und nach 6 Ofenplätze backen.

3. **Für den Belag** Gurke schälen. Salat waschen und trocken tupfen. Beides in sehr feine Streifen schneiden. Forellenfilet in Streifen schneiden. Meerrettich schälen und fein reiben. Schmand, Meerrettich, beide Senfsorten und Zitronensaft verrühren, mit Salz und Pfeffer würzen.

4. Die Sushimatte mit einem Stück Frischhaltefolie bedecken und 1 abgekühlten Kartoffelpfannkuchen darauflegen.

5. Jeden Ofenplatz mit etwas Schmandcreme bestreichen und streifenförmig auf einer Seite mit Forellenfilet-, Gurken- und Salatstreifen belegen. Mit Salz und Pfeffer würzen und Ofenplatz fest aufrollen.

6. Frischhaltefolie an den Enden fest zudrehen. Auf dieses Weise alle Ofenplätze füllen und aufrollen. Die Rollen mindestens 1 Stunde kühl stellen.

7. Die Ofenplätze aus dem Kühlschrank nehmen. Mit einem scharfen Messer ohne viel Druck in mundgerechte Happen schneiden und diese mit der Schnittfläche nach oben auf Tellern anrichten.

FÜR 2–4 PERSONEN

ARBEITSZEIT: 30 MIN.

RUHEZEIT: 1 ¼ STD.

BACKZEIT: 20 MIN.

aus Westfalen

PANHAS IM BIERTEIG

WESTFÄLISCHE WURST IM KNUSPERMANTEL

Der Panhas ist eine typisch westfälische Spezialität. Er wurde einst aus Resten bei der Wurstherstellung zubereitet und war damit ein Armeleuteessen. Bei uns verschwindet der Panhas im Bierteig und passt so bestens zu würzigem Salat.

Für den Bierteig:
1 Ei (Größe L)
75 g Mehl (Type 405)
Salz • Pfeffer aus der Mühle
75 ml westfälisches Pils
Öl zum Frittieren

Für den Salat:
50 g Walnusskerne
200 g Endiviensalat
200 g Butternutkürbis

Für das Dressing:
½ rote Zwiebel
1 TL Rotweinessig
1 TL Öl
Salz • Pfeffer aus der Mühle
100 g Schmand
½ TL Rübenkraut (Zuckerrübensirup)

Für den Panhas:
2 fingerdicke Scheiben Panhas
50 g Mehl (Type 405)

1. **Für den Bierteig** das Ei trennen. Eigelb, Mehl, 1 Prise Salz und Pfeffer in eine Schüssel füllen. Unter kräftigem Rühren mit einem Schneebesen nach und nach das Pils hinzufügen und zu einem glatten Teig verrühren. 20 Minuten quellen lassen.

2. **Inzwischen für den Salat** die Walnüsse grob hacken und in einer kleinen Pfanne bei mittlerer Hitze ohne Fett anrösten, bis sie duften. Aus der Pfanne nehmen und beiseitestellen.Den Salat verlesen, waschen und trocken schleudern. Mundgerecht zerzupfen und auf zwei Teller verteilen.

3. Den Kürbis schälen, falls nötig, Kerne und Fasern aus dem Inneren kratzen. Das Fruchtfleisch grob raspeln und auf dem Endiviensalat verteilen.

4. **Für das Dressing** die Zwiebel schälen und in feine Würfel schneiden. Essig, Öl, 1 kräftige Prise Salz und etwas Pfeffer hinzufügen. Schmand und Rübenkraut unterrühren. 2 EL Wasser hinzufügen und rühren, bis ein cremiges Dressing entsteht. Falls nötig, mit mehr Salz, Pfeffer oder Rübenkraut abschmecken.

5. Das Öl in einem mittelgroßen Topf auf 180 °C erhitzen. Das Eiweiß mit den Quirlen des Handrührgeräts steif schlagen und vorsichtig unter den vorbereiteten Teig heben.

6. Den Panhas längs in 3 Stücke schneiden und im restlichen Mehl wälzen. Überschüssiges Mehl abklopfen. Mithilfe einer Gabel durch den Ausbackteig ziehen und im Öl goldbraun frittieren. Herausnehmen und auf Küchenpapier entfetten.

7. Das Dressing über den vorbereiteten Salat träufeln und mit den gerösteten Walnüssen bestreuen. Den Panhas im Bierteigmantel darauf anrichten.

Ohne Bierteig schmeckt Panhas auch als Brotbelag auf Schwarzbrot.

FÜR 2 PERSONEN

ARBEITSZEIT: 30 MIN.

BACKZEIT: 15 MIN.

INDISCHE RIEVKOOCHEHÄPPCHEN

FRITTIERTER KÜRBIS-KARTOFFEL-SNACK

Bei diesen Reibekuchen der besonderen Art wird ein Teil der Kartoffeln durch Kürbis ersetzt, dann kommen die Stückchen in einen Teig, und ab in die Fritteuse! Ganz wie in Indien üblich – da heißt so was Pakora.

1. Für das Apfelkompott die Äpfel schälen, entkernen und in kleine Stücke schneiden. Apfelstücke samt Apfelsaft in einen Topf füllen und aufkochen lassen. Etwa 10 Minuten auf mittlerer Hitze köcheln, bis die Apfelstücke zerfallen, dabei gelegentlich umrühren.

2. Zitronensaft und Majoran hinzufügen und alles gut vermischen. Den Topf vom Herd nehmen und das Kompott abkühlen lassen. Nach Belieben mit einer Gabel zerdrücken oder mit dem Stabmixer pürieren.

3. Für die Rievkoochehäppchen Eier, Mehl, Backpulver, 1 Prise Muskat, ½ TL Salz und 1 gute Prise Pfeffer in einer Schüssel mischen. 100 ml lauwarmes Wasser hinzufügen und alles mit dem Schneebesen zu einem homogenen Teig verrühren.

4. Kartoffeln schälen, waschen und in mittelgroße Stifte schneiden. Kürbis putzen, waschen und in mittelgroße Stifte schneiden. Frühlingszwiebeln putzen, waschen und in feine Ringe schneiden. Das Gemüse zum Teig hinzufügen und gut vermischen.

5. In einem ausreichend großen Topf das Frittieröl etwa 10 Minuten auf 180 °C erhitzen.

6. Aus der Masse mithilfe eines Esslöffels Bällchen mit einem Durchmesser von etwa 5 cm formen und nach und nach im heißen Fett ausbacken, bis sie knusprig sind und eine goldbraune Farbe haben. Dabei zwischendurch wenden.

7. Die Rievkoochehäppchen mit einer Zange oder einem Schaumlöffel aus dem heißen Fett nehmen und kurz auf Küchenpapier entfetten. Die Rievkoochehäppchen noch heiß mit dem Apfelkompott servieren.

TIPP: Der Topf sollte wegen der Spritzgefahr maximal zu einem Drittel befüllt sein. Wichtig ist, dass das Öl später das Frittiergut komplett bedeckt. Hitze-Check: Wenn man kein Frittierthermometer besitzt, kann man die Temperatur auch mit einem hölzernen Kochlöffelstiel prüfen. Steigen Bläschen am Kochlöffelstiel auf, passt die Temperatur.

Für das Apfelkompott:
500 g Äpfel
30 ml Apfelsaft
1 EL Zitronensaft
¼ TL getrockneter Majoran

Für die Rievkoochehäppchen:
2 Eier
150 g Mehl (Type 405)
½ TL Backpulver
frisch geriebene Muskatnuss
Salz
Pfeffer aus der Mühle
125 g vorwiegend festkochende Kartoffeln
300 g Hokkaidokürbis
2 Frühlingszwiebeln

Außerdem:
Öl zum Frittieren

aus dem Rheinland

FÜR 2 PERSONEN

ARBEITSZEIT: 45 MIN.

BACKZEIT: 20 MIN.

REGISTER

I/K

L/M/N

O/P

Q/R

DANKE!

Es ist ein Geschenk, mit dem Heimathäppchen-Team zusammenarbeiten zu dürfen.

Bei allen Kollegen von der Produktionsfirma 2bild in Köln möchte ich mich von Herzen bedanken – egal ob in der Planung oder der Produktion, beim Kochen oder im Schnitt –, es ist bewundernswert, wie gut ihr jeden Tag erneut die Herausforderungen meistert.

Das ganze WDR-Team rund um Redakteurin Lena Plönnes präsentiert unsere heiß geliebten Häppchen auf eine superprofessionelle und zeitgemäße Art. Ihr alle wisst einfach genau, was ihr tut, und das sieht man an den fantastisch bespielten Heimathäppchen-Kanälen im Internet. Und dass das schöne Fernsehformat „Beste Heimathäppchen" weiterhin seinen Platz im WDR Fernsehen hat, verdanke ich Klaus Brock und Jörg Gaensel.

Auch ich versuche, für dieses schöne Projekt stets mein Bestes zu geben. Ohne die immerwährende Unterstützung meines Ehemanns wäre das nicht möglich.

* GUT ZU WISSEN

Authentische Lebensmittel aus der Region kann man unter anderem anhand von zwei Schutzsiegeln erkennen, die von der EU vergeben werden. Die Produkte gelten als besondere Spezialitäten, knapp zwanzig aus NRW sind bislang ausgezeichnet worden.

Für das EU-Gütezeichen „g. U." (geschützte Ursprungsbezeichnung) müssen die „Erzeugung, Verarbeitung und Herstellung eines Erzeugnisses in einem bestimmten geografischen Gebiet nach einem anerkannten und festgelegten Verfahren" erfolgen.

Bei dem Siegel „g. g. A." (geschützte geografische Angabe) hat mindestens ein Verarbeitungsschritt – Erzeugung, Verarbeitung oder Herstellung – in der Region stattgefunden, für die das Produkt steht. Die Zutaten können aber durchaus aus einer anderen Region stammen.

© 2019 ZS Verlag GmbH
Kaiserstraße 14 b
D-80801 München

ISBN 978-3-89883-966-2
1. Auflage 2019

Projektleitung: Eva-Maria Hege
Rezepte und Texte: Anja Tanas unter Mitarbeit von Élena-S. Eilmes
Lektorat: Margarethe Brunner
Grafisches Konzept: Irene Schulz; ZERO Werbeagentur, München
Grafische Gestaltung & Satz: Irene Schulz
Fotografie: Andrea Kramp & Bernd Gölling (außer: Janina Eilmes (S. 4); Carina Wulf (S. 5, 7); Daniel Bechthold (S. 11))
Foodstyling: Hermann Rottmann
Herstellung: Frank Jansen
Producing: Jan Russok
Druck & Bindung: optimal media GmbH, Röbel

Kurze Wege schonen die Umwelt
Dieses Buch wurde in Deutschland gedruckt

Im Buch enthaltene Foodfotos können zur eigenen Nutzung erworben werden unter www.stockfood.com

Die ZS Verlag GmbH ist ein Unternehmen der Edel SE & Co. KGaA, Hamburg.
www.zsverlag.de | www.facebook.com/zsverlag

UNSERE AUTORIN • ANJA TANAS

Die „Heimathäppchen"-Köchin ist beim WDR schon eine alte Bekannte, so steht sie hier als Foodexpertin regelmäßig bei diversen Formaten vor der Kamera. Die Diplom-Oecotrophologin arbeitet zudem seit über 20 Jahren als freiberufliche Fachjournalistin für Ernährung. Bei der 2bild GmbH ist sie als Autorin und Fachberaterin fest im Team verwurzelt. Im Rahmen diverser TV-Formate hat sie ihre Leidenschaft fürs Kochen entdeckt. Anja Tanas steht für Fachkompetenz und verkörpert gleichzeitig einen nachhaltigen, modernen Lifestyle, einen ungezwungenen Umgang mit Lebensmitteln sowie die Freude an gutem Essen. Privat entspannt sie beim Yoga oder tobt sich beim Reiten, Surfen und als Vizepräsidentin eines Karnevalsvereins aus. Neuerdings veröffentlicht sie auch Rezepte und Infos rund ums Essen auf ihrem Blog unter anjatanas.de.